知识就在得到

我能做投资人吗

于红 王冠珠 李剑威 口述

翁慕涵 吕志超——编著

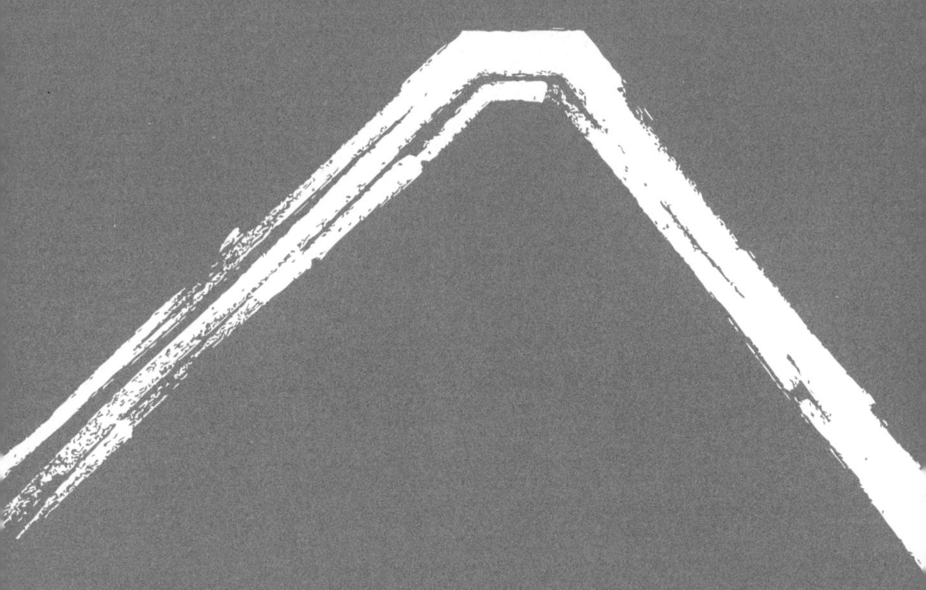

新星出版社 NEW STAR PRESS

总序

怎样选择一个适合自己的职业？这个问题困扰着一代又一代中国人——一个成长在今天的年轻人，站在职业选择的关口，他内心的迷茫并不比二十年前的年轻人少。

虽然各类信息垂手可得，但绝大部分人所能获取的靠谱参考，所能求助的有效人脉，所能想象的未来图景……都不足以支撑他们做出一个高质量的职业决策。很多人稀里糊涂选择了未来要从事大半辈子的职业，即使后来发现"不匹配""不来电"，也浑浑噩噩许多年，蹉跎了大好年华。

我们策划这套"前途丛书"，就是希望能为解决这一问题做出一点努力，为当代年轻人的职业选择、职业规划提供一些指引。

如果你是一名大学生，一名职场新人，一名初、高中生家长，或者是想换条赛道的职场人，那么这套书就是专门为你而写的。

在策划这套书时，我们心中想的，是你正在面临的各种挑战，比如：

你是一名大学生：

· 你花了十几年甚至更久的时间成为一名好学生，毕业的前一年突然被告知：去找你的第一份工作吧——可怕的是，这件事从来没人教过你。你孤身一人站在有无数分岔路的路口，不知所措……

· 你询问身边人的建议，他们说，事业单位最稳定，没编制的工作别考虑；他们说，计算机行业最火热，赚钱多；他们说，当老师好，工作体面、有寒暑假；他们说，我们也不懂，你自己看着办……

· 你有一个感兴趣的职业，但对它的想象全部来自看过的影视剧，以及别人的只言片语。你看过这个职业的高光时刻，但你不确定，在层层滤镜之下，这个职业的真实面貌是什么，高光背后的代价又有哪些……

你是一名职场新人：

· 你选了一个自己喜欢的职业，但父母不理解，甚至不同意你的选择，你没把握说服他们……

· 入职第一天，你眼前的一切都是新的，陌生的公司、陌生的同事、陌生的工位，你既兴奋又紧张，一边想赶紧上手做点什么，一边又生怕自己出错。你有一肚子的问题，不知道问谁……

你是一名学生家长：

· 你只关注孩子的学业成绩，仿佛上个好大学就是终身归宿，但是关乎他终身成就的职业，你却很少考虑……

· 孩子突然对你说，“我将来想当一名心理咨询师”，你一时慌了神，此前对这个职业毫无了解，不知道该怎么办……

· 你深知职业选择是孩子一辈子的大事，很想帮帮他，但无奈自己视野有限、能力有限，不知从何处入手……

你是一名想换赛道的职场人：

· 你对现在的职业不太满意，可不知道该换到哪条赛道，也不清楚哪些职业有更多机会……

· 你年岁渐长，眼看着奔三奔四，身边的同学、朋友一个个事业有成，你担心如果现在换赛道，是不是一切要从头再来……

· 你下定决心要转行，但不确定自己究竟适不适合那个职业，现有的能力、资源、人脉能不能顺利迁移，每天都焦灼不已……

我们知道，你所有关于职业问题的焦虑，其实都来自一件事：**不知道做出选择以后，会发生什么。**

为了解决这个问题，“前途丛书”想到了一套具体而系统的解决方案：一本书聚焦一个职业，邀请这个职业的顶尖高手，从入门到进阶，从新手到高手，手把手带你把主要的职业逐个预演一遍。

通过这种“预演”，你会看到各个职业的高光时刻以及真实面貌，判断自己对哪个职业真正感兴趣、有热情；你会看到各个职业不为人知的辛苦，先评估自己的“承受指数”，再确定要不要选；你会了解哪些职业更容易被 AI 替代，哪些职业则几乎不存在这样的可能；你会掌握来自一线的专业信息，方便拿一本书说服自己的父母，或者劝自己的孩子好好考虑；你会收到来自高手的真诚建议，有他们指路，你就知道该朝哪些方向努力。

总之，读完这套“前途丛书”，你对职业选择、职业规划的不安全感、不确定感会大大降低。

“前途丛书”的书名，《我能做律师吗》《我能做心理咨询师吗》……其实是你心里的一个个疑问。等你读完这套书，我们希望你能找到自己的答案。

除了有职业选择、职业规划需求的人，如果你对各个职业充满好奇，这套书也非常适合你。

通过这套书，你可以更了解身边的人，如果你的客户来自各行各业，这套书可以帮助你快速进入他们的话语体系，让客户觉得你既懂行又用心。如果你想寻求更多创新、跨界的机会，这套书也将为你提供参考。比如你专注于人工智能领域，了解了医生这个职业，就更有可能在医学人工智能领域做出成绩。

你可能会问：把各个职业预演一遍，需不需要花很长时间？

答案是：不需要。

就像到北京旅游，你可以花几周时间游玩，也可以只花一天时间，走遍所有核心景点——只要你找到一条又快又好的精品路线即可。

“前途丛书”为你提供的，就是类似这样的精品路线——**只需三小时，预演一个职业。**

对每个职业的介绍，我们基本都分成了六章。

第一章：行业地图。带你俯瞰这个职业有什么特点，从业人员有什么特质，薪酬待遇怎么样，潜在风险有哪些，职业前景如何，等等。

第二至四章：新手上路、进阶通道、高手修养。带你预演完整的职业进阶之路。在一个职业里，每往上走一段，你的境界会不同，遇到的挑战也不同。

第五章：行业大神。带你领略行业顶端的风景，看看这个职业干得最好的那些人是什么样的。

第六章：行业清单。带你了解这个职业的前世今生、圈内术语和黑话、头部机构，以及推荐资料。

这条精品路线有什么特色呢？

首先，高手坐镇。这套书的内容来自各行各业的高手。他们不仅是过来人，而且是过来人里的顶尖选手。通常来说，我们要在自己身边找齐这样的人是很难的。得到图书依托得到 App 平台和背后几千万的用户，发挥善于连接的优势，找到了他们，让他们直接来带你预演。我们预想的效果是，走完这条路线，你就能获得向这个行业的顶尖高手请教一个下午可能达成的认知水平。

其次，一线智慧。在编辑方式上，我们不是找行业高手约稿，然后等上几年再来出书，而是编辑部约采访，行业高手提供认知，由我们的同事自己来写作。原因很简单：过去，写一个行业的书，它的水平是被这个行业里愿意写书的人的水平约束着的。你懂的，真正的行业高手，未必有时间、有能力、有意愿写作。既然如此，我们把写作的活儿包下来，而行业高手只需要负责坦诚交流就可以了。我们运用得到公司这些年形成的知识萃取手艺，通过采访，把各位高手摸爬滚打多年积累的一线经验、智慧、心法都挖掘出来，原原本本写进了这套书里。

最后，导游相伴。在预演路上，除了行业高手引领外，我们还派了一名导游来陪伴你。在书中，你会看到很多篇短小精悍的文章，文章之间穿插着的彩色字，是编著者，也就是你的导游，专门加入的文字——在你觉得疑惑的地方为你指路，在你略感疲惫的地方提醒你休息，在你可能错失重点的地方提示你注意……总之，我们会和行业高手一起陪着你，完成这一场场职业预演。

我们常常说，选择比努力还要重要。尤其在择业这件事情上，一个选择，将直接影响你或你的孩子成年后 20% ～ 60% 时间里的生命质量。

这样的关键决策，是不是值得你更认真地对待、更审慎地评估？如果你的答案是肯定的，那就来读这套“前途丛书”吧。

丛书总策划　白丽丽

2023 年 2 月 10 日于北京

CONTENTS

目录

00 序言

01 行业地图

9 投资人会以怎样的眼光看项目
12 投资人有哪些区分
14 投资人的工作究竟有多复杂
17 投资人想升职主要靠什么
20 投资人的工作风格是什么样的
22 投资决策有什么特殊机制
26 投资人的薪酬有多高
30 投资人会遇到哪些特殊的挑战
32 投资人的发展前景如何

目录 CONTENTS

02 新手上路

入行

38 怎样判断自己是否适合成为投资人
40 想成为投资人，一定要有金融背景吗
43 想成为投资人，大学毕业就要入行吗
46 想成为投资人，可以从哪些方向开始
48 想成为投资人，什么特质更受欢迎
52 想成为投资人，有哪几种机构可以选择

项目研究

56 怎样从导师身上学到有用的知识
58 项目研究方法最重要的特征是什么
60 项目研究要从哪几个方面展开
78 壁垒可以做哪些细微的区分
81 竞争壁垒主要有哪几种
91 怎样判断项目基本面的增长质量
94 如何从终局出发判断企业的价值
97 如何排查项目的风控点

目录 CONTENTS

寻找和识别创始人

102 寻找创始人有哪些有效的渠道

108 考察创始人要看哪几方面的能力

121 怎么看创始团队的股权架构设计

03 进阶通道

127 要想完成投资，还要懂得哪些业务

140 投出资金之后，你要为企业提供怎样的服务

147 要想提升能力，有哪些经验值得吸取

04 高手修养

160 为什么说高手不全是“老前辈”

163 高手具有哪些独特的能力

169 高手有哪些有价值的认知

174 高手会怎样进行团队管理

目录 CONTENTS

05 行业大神

183 唐·瓦伦丁：下注于赛道，而非赛手
188 约翰·杜尔：寻找对未来有影响力的项目
192 沈南鹏：理性的“风险投资之王”

06 行业清单

199 行业大事记
202 行业术语
212 头部机构
217 推荐资料
221 工具箱

225 后记

序言

你好，欢迎来到投资人的世界。

提起投资人，你的第一感觉也许是它并不常见。的确，相较于“前途丛书”介绍的其他从业人数超过百万，甚至千万的职业，投资人的确非常小众。为了方便理解，我们可以先对它做这样几个限定：

首先，投资人的全职工作就是投资。在本职工作之外购买股票或者基金的个人投资行为，不在我们的讨论范畴之内。其次，他们的投资方式是私募股权投资。换句话说，他们购买的是尚未在股票市场上市交易的公司的股权。从事股票等证券交易的职业投资人，也不在我们的讨论范畴之内。最后，他们的投资标的主要是初创期和成长期的公司。那些面向已经发展到较成熟阶段甚至 Pre-IPO（上市前期）阶段的企业进行投资的投资人，同样不在我们的讨论范畴之内。

看完这三个方面的限定，你大概已经知道投资人是做什么的了。没错，他们要在发现初创公司价值的基础上，以买入公司股权的形式进行投资。由于这种投资行为高风险和高收益并存，我们通常将其称为风险投资人。

为什么要讲投资人这个小众职业

前面我们提到，投资人是一个非常小众的职业，这是从他们在资产管理行业的位置和他们的从业人数两方面而言的。

先来看投资人在资产管理行业的位置：其一，他们以买入公司股权的方式进行投资。相对于主流的债权投资，它很小众 。其二，他们面向非上市公司进行投资。相对于占大头的上市公司的股权投资，它很小众。其三，他们是面向早期和一部分成长期的公司投资的。相对于大多针对成熟期企业的投资，它很小众。

再来看投资人的从业人数：截至 2023 年 1 月，中国证券投资基金业协会登记的主要从事风险投资的机构（私募股权、创业投资基金管理人）仅 22156 家。别说与“前途丛书”介绍的其他职业，比如教师、医生、销售等相比了，就算与资产管理行业的其他职业相比，其从业人数也不在一个量级。

投资人这个职业虽然小众，但却蕴含着巨大的能量。对企业来说，投资人是被投企业成长的助推者，他们帮助企业及时解决融资问题，并且为创始人提供优质的资源，让创业变得不再那么令人生畏。对社会和国家来说，投资人用他们强大的资产管理能力和慧眼识珠的判断能力，极大地加速了科技创新的节奏，也启动了国家经济快速发展的引擎。

就拿风险投资的起源地美国来说，根据《美国风险投资协会 2019 年刊》，美国仅有 1047 家风险投资公司。但飞桥资本合伙人杰弗里·巴斯更（Jeffrey Bussgang）发现：在 1959—2000 年的 40 多年里，数量极其有限的风投机构所投公司产生了 1200 万个就业岗位——约占全美劳动力总和的 12%。这些公司的销售总额高达 2.9 万亿美元，超过美国所有企业营业收入的 20%。也正是这些极少数的投资人把亚马逊、苹果、脸书、微软等最具有代表性的科技公司带入了大众视野。

不光是美国，在中国发展了超过 20 年的风险投资也扮演着相似的角色。阿里巴巴、京东等互联网行业的巨头，早期都是在风投机构投资和投后服务的支持下成长起来的。

所以，风险投资不只是一小撮人的工作，它还是能带来社会巨大进步的思维方式和哲学。

本书如何帮你认识投资人这个职业

为了帮助你更好地了解投资人这个职业，我们请到了五位行业高手，他们无一不具有丰富的实战经验，而且都取得了令人瞩目的成绩。下面，我们来分别了解一下。

于红老师在大学时通过不断的实习、探索，发现自己特别适合做投资人，于是最终决定进入这个行业。她先是在华兴资本做 FA（Financial Advisor，财务顾问），帮助企业进行募资和并购交易，之后又进入了 GGV 纪源资本。在 GGV 的几年里，她的工作业绩十分突出：投资了近 20 家企业，其中产生了 4 家“独角兽”公司，比如主要从事物流运输的满帮集团已经成长为超级“独角兽”，其投资的精准度让业内很多人都十分佩服。2021 年，于红加入美团龙珠，成为合伙人，进入美团龙珠投资委员会，这使她获得了新的投资视角。

众所周知，每个知名投资人都有一套自己独特的投资方法，但很多人选择将其秘不示人。而在本书中，于红老师愿意把自己多年来总结的投资方法呈现在读者面前，甚至可以说是手把手地告诉新手投资人，如何从头去找到一个项目，如何判断这个项目是否优质，如何观察一个创业者是否合格、是否有潜力等。在“新手上路”和“进阶通道”两个章节，你可以看到于红老师的宝贵经验。

王冠珠老师是麦格理资本的董事总经理，在科技领域拥有丰富的投资经验。你熟悉的多家科技公司，比如智联招聘、赶集网等，都是他主导的投资项目。

我们在对王冠珠老师进行采访的过程中发现，他非常擅于用类比和迁移的方式帮助我们，当然，还有帮助本书的读者理解投资人的工作。比如，他通过红酒的概念来讲解风险投资的“大小年”——在萧索的年份抓住巨大的投资机会，就好像硬要用 1985 年出产的葡萄去做 1982 年的拉菲一样，没道理，也不可能。这给我们留下了深刻的印象。

而在成为投资人之前，王冠珠老师在企业管理领域积累了大量经验。所以，在“高手修养”这一章，你还会进一步看到他是怎么把团队分工和人才培养上的独特心法迁移至投资领域，把那些习惯于单兵作战的投资人管理起来的。

李剑威老师是真成投资的创始合伙人，他曾服务于红杉资本中国基金、真格基金、富达成长基金、波士顿咨询集团，在云计算、人工智能、先进制造与机器人、金融技术和网络安全等领域有丰富的投资经验与成功案例。李剑威老师尤其关注非共识投资，倾向于在一些大家并未达成共识，甚至都不看好的项目上发现新的机会。由于大多数“非共识”是错的，因此，能够在这个领域找到“正确的非共识”，识别出好的项目是一件格外艰难的事。可即便如此，李剑威老师的成绩也非常耀眼——他主导投资的老虎证券、九号公司、亿航智能、华米科技等公司都已成功上市。在本书中，他将为我们介绍投资人的工作方法，也会告诉读者他是怎样进行非共识投资的。

此外，还有两位受访投资人要求在书中不显露其真实姓名和身份信息，这里就不具体介绍了。本书基于其观点形成的文章，受访人部分也会以“某资深投资人”的形式呈现。在这里向两位贡献宝贵经验的投资人诚挚致敬。

也许你是一名正在创业的创业者，想了解投资人是如何选择投资项目的；也许你是一个大学生，正在寻找自己未来的事业，并对投资人这个职业充满好奇与向往；也许你是学生家长，正在想方设法地为下一代规划未来的职业道路；又或者你是一个对这个世界充满好奇的人，想要获得像投资人一样的思考问题的方式……不管你是哪一种人，我们都相信这本小书会给你带来启发。祝你阅读愉快！

翁慕涵　吕志超

CHAPTER I

第一章 行业地图

在很多人的印象里，风险投资是一个高精尖的行业。投资人每天穿行于超甲级写字楼、CBD的咖啡厅，与创始人谈几千万，甚至上亿元的交易。谈笑之间，他们就决定了某家公司下一笔“续命”的融资能否到位。但你可能会问：投资人的日常工作真的如此吗？

“行业地图”这一章就是为了回答你这个问题而设计的。我们会先带你从外围了解一下这个职业，看看投资人跟你理解的有哪些异同。

比如，投资人看待企业的眼光和我们普通人有什么不一样？他们是怎样做出一个个投资决策的？他们是不是都像传闻里一样年薪百万？……在这个章节，你对投资人的疑问会一一得到解答。

现在就一起出发，去投资人的世界看看吧。

投资人会以怎样的眼光看项目

· 王冠珠

你可能经常在商业新闻报道中看到这样的描述："这位投资人主要在看 B 轮左右的项目""这是一家专门投天使轮的机构"。没错，我们可以按照不同的投资阶段，将股权投资行为划分为天使轮投资、A 轮投资、B 轮投资，等等。

不同投资阶段对应的公司发展情况，你可能已经略知一二了：天使轮阶段，通常是一个创业者站出来说自己有一个新想法，或者是持有一种新技术，但尚未得到市场验证。我们总开玩笑说，这个时候只有"3F"——Friend（朋友）、Family（家人）和 Fool（傻子）——愿意站出来支持创业者。能够走到 A 轮的公司，它研发的产品通常已经有了原型，团队也小有规模了。B 轮左右的公司，它不仅可以持续产出产品，也在相应的市场找到了客户。到 C 轮的话，公司一般已经确立了商业模式，并开始进行复制和扩张……

但说到这里，我想给你举两个极端的例子，它们可能会打破上面提到的这种投资阶段对应公司发展情况的惯常认知。

二手车交易服务平台瓜子二手车在A轮的交易金额就超过了2.5亿美元，比很多公司B轮甚至C轮融到的钱都要多。理论上当时它还是一个处在A轮的项目，但是，很多A轮公司体现出来的特征已经不能套用在瓜子二手车上面了。

同样，提供在线预订民宿酒店的Airbnb（爱彼迎），截至2020年4月已经融资16轮了。在它承压上市（2020年12月）之前，Airbnb的发展状态其实很难与某个具体的轮次对位。

由于公司发展状态的独特性，从公司所处的融资阶段去判断它的发展情况，其实没有特别大的参考价值[1]。那么，还有没有什么方式可以界定一家公司当前的状态呢？

有。很多投资人还会结合企业生命周期的几个不同阶段来判断，这几个阶段分别是早期、快速成长期和成熟期[2]。具体来说，投资人通常会采取一种与宏观经济环境做对比的方法，

---

1. 融资的轮次没有太大的参考价值，但投资人还是可以参考上一轮的估值和交易金额，判断公司当前的价值。

2. 投资早期企业的被称为风险投资（Venture Capital, VC），投资快速成长期企业的被称为增长资本（Growth Capital, GC），而投资成熟期企业的则是狭义的私募股权（Private Equity, PE）。在中国，我们一般把增长资本也归拢到风险投资的范畴。换句话说，风险投资针对的主要是早期和快速成长期的公司。

来界定一家公司处于哪个阶段。

成长股投资策略之父菲利普・费雪（Philip Fisher）曾说，投资目标应该处于持续成长中，增长率应该高于整体经济的增长率。没错，宏观经济环境的变化和企业增长有很强的关联性，即便在风险投资领域也是这个道理。具体来说，早期以及快速成长期企业的增长速度必须达到 GDP（国内生产总值）增速的 4 倍以上。比如，2015 年，中国 GDP 的增速为 6.9%，当时某行业很多公司的增长率能达到 100%，远远超过了 GDP 增速的 4 倍，说明这类公司当时就处于快速成长的状态。反之，如果一家公司的增速稳定在 10% 左右，这个速度远远小于 GDP 增速的 4 倍，从理论上推断，它已经进入相对成熟的状态，也就很难被纳入风险投资的范畴了。

对于不同成长状态的公司，投资人的投资策略也不尽相同。并且，大部分机构也都有自己偏好的投资阶段。了解这一点能帮助你更有针对性地打磨投资技能，找到投资阶段对口的机构。

投资人有哪些区分

· 王冠珠

我们一般认为，投资人就职于各大投资公司。但做风险投资这块业务的，可不只有这些投资公司。

若想了解其他做风险投资的群体，我们先要清楚的一点是，风险投资行业的从业人员里有财务投资人与战略投资人的区分。在私募股权基金工作的，大部分是财务投资人。除此之外，还有一类被称为战略投资人的人群在其他类型的机构工作。

你肯定听说过腾讯、阿里巴巴等公司宏大的投资版图。没错，战略投资人主要是这部分在 BAT（百度、阿里巴巴、腾讯）等非金融企业的投资部门，抑或独立出来的投资公司工作的投资人。战略投资人不以“给出资人，也就是母公司带来收益回报最大化”为唯一目标。他们主要围绕母公司的战略进行投资布局，以创业创新的力量反推母公司发展，巩固其市场地位。

比如，腾讯主营的文娱游戏业务是他们投资团队的重中之重，阿里巴巴战投的关注点则更偏向消费和电商，百度的风投部门则致力于覆盖全球初创期到成长期的人工智能项目，来弥补百度业务扩展时可能带来的技术研发能力的不足。可以看到，这几家公司战略投资人的投资策略和他们公司自身的战略布局有很大的关联。

再来看本书介绍的重点，财务投资人。财务投资人无法背靠一家非金融企业进行投资。他们首先需要向几位出资人，也就是所谓的 LP（Limited Partner，受托管理出资人）募集款项，成立一只基金，并在资金存放期限内通过股权投资为 LP 带来理想的回报。我们一般认为，增值是财务投资人的主要诉求。

需要补充说明的是，因为每位 LP 对投资阶段和周期的兴趣都不大一样，所以财务投资人需要预先与 LP 约定好一些条件。比如，答应 LP 这只基金主要做成长期投资以后，天使轮的项目就不在投资人的射程范围内了。再比如，答应 LP 基金周期为 5 年，投资人一般也不会去关注那些成长周期特别长的项目了。相较于战略投资人，财务投资人需要提前考虑到这部分约束条件。

认识到这两类投资人的区分以后，你就可以进一步结合自己的偏好，比如是对某家公司主要的战投方向特别感兴趣，还是想先综合地看更多项目、结识更多的创始人，来识别投资机构。

投资人的工作究竟有多复杂

· 某资深投资人

前文我们介绍了财务投资人的工作职责。简单说，他们把募集来的资金投给处于早期或者成长期的公司，换取股权，在公司发展至一定阶段后“退出”[1]，赚取收益。

这样来看，这份工作实质上不就是低买高卖吗？看重公司潜在的价值成长，在公司估值低于其实际价值时买入，未来在公司估值高于其实际价值时卖出。

当然不是。风险投资的逻辑远没有这么简单，它背后是一个复杂的系统工程。识别公司和创始人的品质、计算公司估值、准确把握买卖时机，等等，这些都是投资人需要在做出投资决策前完成的，而且每一件事都不容易。

识别公司的品质为什么复杂？**很多创业公司找到投资人**

1. 投资人有多种退出方式，比如通过 IPO（首次公开募股），也就是公司首次将其股份向公众出售时退出；再比如通过后续轮次融资退出，也就是把股份转让给下一轮的投资人。此外，还可以通过并购、清算等形式退出。

时，只有一个粗糙得像单细胞生物的产品。你要在信息极其有限的情况下，对它所在行业未来的成长空间，以及它潜在用户的需求做出判断。当然，这些判断还要跑在市场普遍认知形成之前。

识别创始人的品质为什么复杂？创业需要考察创始人多方面的能力，比如，能不能把握行业未来的发展趋势，能不能开放地向同行、团队成员取经，能不能持续把优秀人才招至麾下，等等。你需要在相对有限的沟通中评判创始人的综合实力。毕竟，不管上述哪一个维度的事情没做好，都会影响被投公司后期的运营、管理。

计算估值为什么复杂？早期投资项目的估值存在很大的弹性，较难有规则可循。如果一家公司处在某个新兴行业，或者采用了某种新的商业模式，就很难在市场上找到合适的公司去对标和估值，即投资中的相对估值法[1]（Relative Valuation Approach）很难适用。如果这家公司未来的现金流较难准确预测，绝对估值法[2]（Absolute Valuation Approach）中的现金流折现模型就也难以适用。

---

1. 相对估值法是使用市盈率、市净率、市售率、市现率等价格指标与其同行或竞争对手（对比系）进行比较，根据对比系的平均估值水平来判断投资项目的估值水平。

2. 绝对估值法的原理是将投资项目未来的所有现金流都折现到现在，将这些折现值加起来，就可以获得投资项目的估值。

把握买卖时机为什么复杂？我们常说，一家好公司不一定是好投资。即便是再好的公司，你进早了也容易成为“先烈”，进晚了则有可能失去创造超额收益的机会。投资人在什么时候“下注”，是一道需要综合产品、需求、业务模式、团队等诸多因素来判断的考题。

上述有关风险投资工作内容的细节，我们会在“新手上路”和“进阶通道”章节展开讨论。之所以让它们在“行业地图”先亮相，是因为我想告诉你：投资人的日常工作不是“低买高卖”那么容易的，这是一个多变量，且变量权重经常发生变化的系统工程，需要投资人先于他人把公司和创始人品质、公司估值、买卖时机给琢磨明白。换句话说，**投资人很大程度上挣的是认知的钱。**

投资人想升职主要靠什么

· 李剑威

每个职业都有自己的职级体系，投资人也不例外。通常来说，投资机构参考金融界常用的 MD 职级体系，设置有初级、中级、高级三类职级（如图 1–1 所示）。

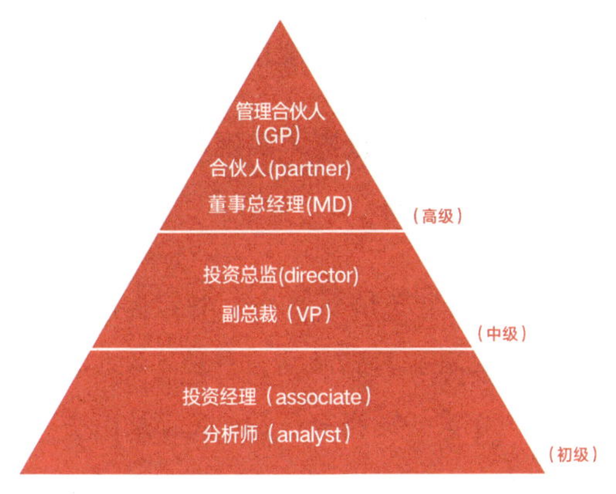

图 1–1　投资行业的职级体系

需要特别说明的是，投资机构的职级体系并不是一成不变的，它会因为机构的规模、主要关注的投资轮次等组织内部结构要素的差异而变化。比如，很多机构专注于成长期企业投资，其内部通常不会设置分析师这类岗位，规模较小的投资团队则主要以合伙人为主。

当然，你更关注的可能是如何在职级道路上“打怪升级”。

也许你对阿里巴巴这类大型互联网公司设置的管理梯队和专业梯队有所了解，它们分别从 M1 和 P1 开始，以 M1、M2、M3 和 P1、P2、P3 的形式往上升级。但投资机构和这类大企业的晋升机制非常不一样。风险投资工作本身的非标准性、不确定性和复杂性，决定了它不可能对每一职级都做出精确的区分。也就是说，在你“杀”往投资机构高级职级的这条路上，不会有什么明确的关卡，通常也不会有人对你提出“一定要达成某项指标”的硬性要求。

一般来说，**助力一名投资人实现职级跃迁的，是他在工作过程中不断积累的信誉。**

具体而言，初级职级的投资人一般会先接触行业研究的工作——合伙人说想看看食品消费赛道，新人就需要把这个行业里的 10 ～ 20 家公司研究一遍，或者是以中美对比研究的方式去调研行业发展情况。新人如果可以在行业研究中提取出一些合伙人、创业者没有注意到的观察视角，就能获得一部分继续推进项目的信誉。在 2011 年的移动互联网创业大潮中，就有不少年轻的投资经理先于行业前辈把握住了移动互联网的底层逻辑，成功开启了上升通道。

在此之上，中级职级的投资人如果有幸摸到了行业内某个明星项目，或者他主导的某个项目不幸被投资决策委员会（后文简称“投决会”）[1]“枪毙”，事后却被验证发展得很不错（后一种情况更加常见），也能增加他的信誉，将他送至更高的职级。

你当然可以举起老板递过来的猎枪，帮他打几头野鹿回来。但别忘了，你也可以去开辟新的狩猎场，甚至探索新的狩猎方式。如果你能从接受合伙人委派任务的状态，尽快调整为自己来主导这项研究、自己来负责这个领域，你就能显著增强自己的信誉，从而实现职级上的跃迁。

---

1. 这是投资机构内部决策流程中重要的一环，具体内容可以阅读第一章“行业地图”的“投资决策有什么特殊机制”一节。

投资人的工作风格是什么样的

· 王冠珠

你可能会在财经媒体上看到，当一些投资大佬被问及怎样才能投出一些可以带来巨额回报的项目时，他们给出的答复往往是“商业模式成熟了，‘独角兽’自然会长出来”“我看对了某个创始人”，总给人以一种投资工作只可意会不可言传的感觉。

这样的回答可能会让人误以为投资是一门艺术，投对项目靠的是艺术般的投资感悟。但我要告诉你，风险投资从来不是一门艺术，也不是只有拥有慧眼识珠般天赋的人才能从事的职业。绝大多数情况下，**风险投资是一种高纪律性、重复性的工作。**

给你看一位投资经理的工作日志（见表1–1）：

表 1-1　投资人典型的工作计划表

10：30—11：30	项目约见，聊项目情况、创始团队情况和融资想法
13：30—14：30	行业小组例会，看上一周细分行业发生的投融资事例
15：00—16：00	找细分领域的技术专家做电话采访
20：00—21：00	评估合伙人推过来的商业计划书

多数投资人的日常就是像这样聊项目、做研究，非常讲究纪律性，也离艺术很远。

好的投资人都是通过长期做研究、看项目、见创始团队，逐渐锻炼出来的。虽然投资能否成功取决于很多不可控的因素，但我们不能将风险投资看成一门艺术。富有纪律性地聊项目、做研究，才是投资人真正的工作风格。

投资决策有什么特殊机制

· 于红

从个人层面讲，投资从来不是只可意会不可言传的艺术，它需要投资人富有纪律性地聊项目、做研究。从机构层面讲，它同样要求投资机构结合自己的实际情况，设计一套投资决策流程，纪律性地做出投资决策。

在机构的投资决策流程中，有一个非常重要的环节：**机构有意向投资的所有项目都要在投决会上讨论。**顾名思义，投决会就是机构内部决策投资事项以及退出事项的议事机构。

因为投资决策流程要按照机构本身的情况设计，作为流程中重要环节的投决会也会因投资机构本身情况的变化而变化。因为篇幅有限，很难穷尽投决会可能有的所有形态。所以，我想试着反向从投决会常见的三大误区出发，带你更好地理解投资机构层面的决策机制。

第一个误区是关于投决会的参会人员。大家通常认为，参会人员肯定是掌握项目生杀大权的高级职级的投资人。但实际上，在有些投决会上，参会人员的背景比较多样化：除了管理合伙人、合伙人，还有对决策项目所在赛道比较熟悉的初级、中级职级的投资人。投决会不是各方势力博弈的场所，机构通常会根据专业程度来筛选参会人员，而非仅以职级身份作为导向。

第二个误区是关于投决会的流程。很多人误以为这是一场表演性质的表决会，但实际情况并非如此。在一个内部沟通渠道比较畅通的机构，投资人与合伙人会持续沟通项目情况——从项目的初步调研到与合伙人一起明确关注点，再到完成尽职调查、形成书面文件，这些环节也应该纳入投决会的流程中。也就是说，这是一场不断深入分析项目价值的会议。我们不应该因为投决会表面上的结果导向色彩，而忽视其中反复沟通、研究的过程。

第三个误区是关于投决会上一些常见的现象。前面提到，投决会要就投资决策做出讨论。这里说的投资决策包括投与不投和投多少，而投多少又包括单笔投资在这期基金总资产中的占比（通常在 5% ～ 10%），以及单笔投资股份在被投公司总股本中的占比（通常在 10% ～ 20%），等等。因此，项目的价值和价格判断理应是会议最重要的讨论事项。但参会人员有时也可能会出现本末倒置的情况，就尽调报告上的一些小问题穷追猛打，使整场会议的焦点无法落在价值和价格判断上。实际上，投决会需要参会人员全面地看待问题，对项目形成一个综合判断。

看过这些认知误区，我想你应该能对投决会的讨论要点、决策流程和参与者都形成初步的了解。投资机构内部正是通过这套机制来评估投资的风险，并提高交易审查的客观性。

图 1-2 是投资机构决策流程图，从中可以了解到投资机构从项目资料收集到签订投资意向协议（Term Sheet，TS）的整个流程。

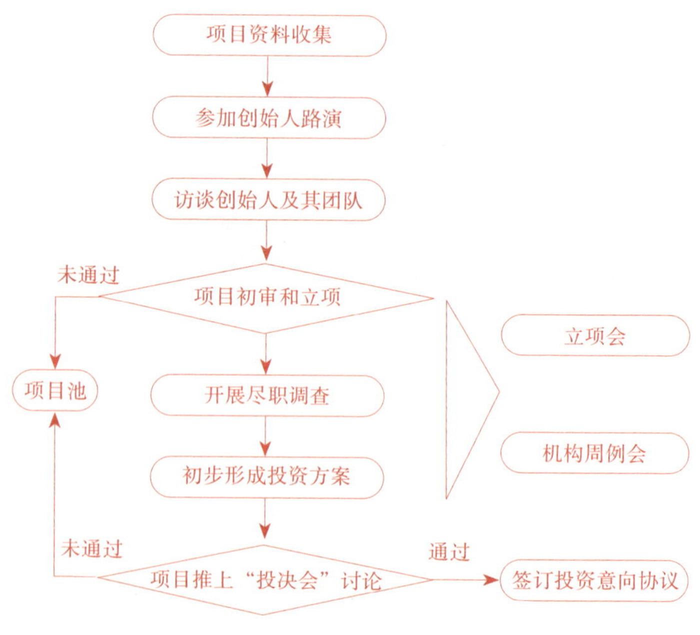

图 1-2　投资机构决策流程

在《苏世民：我的经验与教训》一书中，苏世民（Stephen Schwarzman）也介绍了投资机构黑石集团内部反复迭代而成的投资决策流程。我们做了摘录，供你参考：

· 不让某个人总揽一切、独自批准协议；

· 所有高级合伙人必须参与投资讨论，运用集体的智慧来评估投资风险；

· 任何提案都必须以书面备忘录的形式提交，并至少提前两天提供给参会人员；

· 除非有重大的后续发展，否则不得在会议上对备忘录进行任何补充；

· 要把讨论重点放在潜在投资机会的缺点上，每个人都必须找到尚未解决的问题。

投资人的薪酬有多高

· 于红

风险投资是一个离钱很近的行业。我们在媒体上看到的投资人，经常谈论着几亿美元的估值，围绕着明星创始团队工作。于是，你可能会认为，从事这一职业的人应该能赚很多钱。事实真是这样吗？

其实不尽然。清科创业旗下的清科研究中心曾调研过市场上有活跃融资记录的300家股权投资机构，并生成了《2020年VC/PE机构薪酬与运营机制调查研究报告》。报告显示，VC/PE机构里各职级从业人员中等工资水平（中位数）分别为：1.5万元（分析师/研究员）、2万元（投资经理）、3万元（投资总监）和5万元（合伙人及以上）[1]。值得注意的是，由于具有马太效应，头部机构能够获得更多的项目和更高的收益，头部机构从业人员的薪酬自然也要远高于行业平均水平。

---

1. 投资界：《“不分Carry的投资机构，有点危险”》，https://www.163.com/dy/article/HJ5U23U705198R3E.html，2022年12月20日访问。

以行业平均水平的薪酬来看，和其他职业相比，上述研究报告中呈现的投资人的收入还算体面。但就投资人而言，这个数字是不是跟你想象中的有一定差距？别急，我们再来看看风险投资从业人员的工资是怎么来的。

风险投资机构发放的薪酬通常来自 LP 资金产生的管理费。这笔费用一般每年按 2% 的比例收取，用于投资机构日常运营。举个例子，一只资产管理规模为 2 亿元的基金，每年可以收取 400 万元的管理费。扣除掉日常办公场地租赁和差旅等的费用以后，剩下的管理费就是落在机构内部每一个工作人员上的薪资。可以想见，在基金的资产管理规模较小的情况下，机构发放给投资人的报酬自然不会特别高。

不过，一家投资机构也不太可能光靠管理费运作。在管理费之外，投资人如果能为 LP 带来不错的回报，就可以分享其投资收益的 20% ～ 25%。我们通常把这笔收益叫作业绩报酬（Carried Interest，一般简称 Carry）。

只是，业绩报酬一般要等到基金投资的公司退出清算或者基金到期时才能拿到，而被投公司退出或者基金到期的周期中位数在 6 ～ 7 年。其间，如果你在一家投资机构入职，若想分到业绩报酬，怎么着也要等上五六年。

那你可能会问：如果投资人从机构离职了，还能拿到业绩报酬吗？清科研究中心的报告显示，在其调研的 300 家机构中，只有不到四成表示离职的团队成员仍可获得分配的业绩报酬，约三成的机构表示不会向离职团队成员发放业绩报酬，剩余机构则表示视具体情况而定。[1] 久而久之，业绩报酬逐渐成了可望而不可即的传说。

值得注意的是，我国主流的基金里面主要有两种分配业绩报酬的方式：一种是按基金内部不同项目的表现分配（Deal Carry），另一种是按基金整体的收益分配（Fund Carry）。具体来说，假设有一只资产管理规模为 9 亿美元的基金，第一种分配方式相当于按投资人单笔投资，比如投资一个 4000 万美元的项目未来可能产生的收益来计算业绩报酬；第二种分配方式则要等到整个基金实现收益以后再去给每位投资人分配业绩报酬。由于不同项目的退出时间会有一些差异，这两种分配模式下，投资人拿到业绩报酬的时间也会有较大区别。

看到这里，你应该已经认识到了，风险投资取得回报没有想象得那么容易。诚然，这份工作能带给你优于普通人的薪酬。但若想拿到超额的业绩报酬，你需要凭借卓越的项目研究、找人识人和趋势预判能力，为 LP 带来理想的回报，并在这家机构待足够长的时间。

---

1. 投资界：《"不分 Carry 的投资机构，有点危险"》，https://www.163.com/dy/article/HJ5U23U705198R3E.html，2022 年 12 月 20 日访问。

关于投资机构的业绩报酬，这里我们再做一点补充。投资机构具体是采取第一种还是第二种分配业绩报酬的方式，主要和它的文化有关。推行第一种分配方式的机构倾向于赛马机制，用更高的业绩报酬激发优秀投资人的潜能。推行第二种分配方式的机构在激励机制方面的作用稍弱，但却能在机构内部形成一股合力，去把一只基金做好。

投资人会遇到哪些特殊的挑战

· 于红

我们平常工作都会遇到一些难题，比如，想不出好的创意，遇到了棘手的客诉，团队之间的配合出了问题，等等。但与我们熟悉的很多职业相比，投资人在工作中面临的挑战有很大的不同。下面就以互联网公司的运营为参照，来对比看看风险投资工作面临的特殊挑战。

第一，如果你在互联网公司做运营，通常会有很多团队作业。但是，绝大多数投资人都是要单打独斗的。即便机构内部设有几个行业小组，一般也就是“合伙人 + 分析师”的小团队。而且，当分析师成长为投资经理后，小团队也要逐渐剥离开来工作，这样机构可以在同一时间看更多的创业项目。如果你尚未习惯独立思考行事，风险投资这行对你来说就非常有挑战性了。

第二，互联网公司的运营工作可控性比较强，上级交代的大部分任务都会在你的能力范围之内。风险投资则不然。

这首先是因为投资人很少会参与被投企业日常的运营，他们对企业的掌控力是很有限的。其次，当投资机构希望关注一个新赛道时，投资人常常要做一些自己能力范围以外的研究工作。也就是说，新人对日常工作没有那么强的主动权，失控感也是你在入行后需要面对的挑战之一。

第三，互联网公司日常的运营工作，像是策划一款产品上线的方案、调研用户习惯等，可以较快得到市场反馈。投资人平日却很难接收到这种小额、多频次的刺激。相反，投资一个项目可能会为投资人带来巨额回报，只是，这份回报肯定是严重滞后的。这和我们的预期恰恰相悖。就像人格心理学家沃尔特·米歇尔（Walter Mischel）组织的棉花糖实验中，很多孩子倾向于立即得到糖果奖励，而不是等待一段时间以后获得更多的奖励，风险投资工作带来的“延迟且不一定实现的满足”显然有违人的天性。这也是投资人需要面对的挑战之一。

和一份你相对熟悉的工作对照，你会发现：**投资人不仅要把一个人活成一支队伍，还要直面工作中的失控感以及反人性的部分。**面对这几大挑战，入行前你需要做好一定的心理准备。

投资人的发展前景如何

· 王冠珠

如果你没有被风险投资相对复杂的工作界面吓跑，还是考虑入行的话，我想，这一行的发展前景是你会持续关注的。

你可能会发现，眼下的财经新闻里有不少声音在质疑，风险投资本身的商业模式是否长期有效，因为由技术平台变化（如 PC 互联网、移动互联网）带来的巨大投资机会已经所剩不多了。未来，别说投出 BAT 了，就是投出 TMD（今日头条、美团、滴滴）的可能性也微乎其微。甚至有人认为，既然巨大的技术变革已经消失，风险投资这一行也就没有存在的必要了。

果真如此吗？当然不是。

事实上，每隔一段时间，就有人说风险投资不行了。比如，2008 年经济危机时，很多人认为风险投资难以为继。但正如你看到的，2011 年开始爆发出海量的移动互联网投资机会。再比如，2012 年 IPO 关闸（公司没法上市了）时，又有一波人觉得这份工作做不下去了。但2013年涌现的O2O、互联网金融等项目，很快又让这一断言不攻自破。

要了解风险投资的机遇和前景，你不能只看眼前，而要在更长的时间周期里去观察。

当你在更长的时间周期里观察风险投资机会时，会发现这一行总有“寒冬期”和“一片火热”的时候。借用红酒的概念来说，既有特别好的年份，也有萧索年份。做风险投资，不是说非得在萧索年份抓住巨大的投资机会，因为这就好像硬要用1985年出产的葡萄去做1982年的拉菲一样，没道理，也不可能。

但萧索年份有萧索年份的生存法则。你可以做更加深度的用户挖掘，把眼光聚焦到那些成长速度没那么快，但有可能带来长期价值的项目上。这几年，越来越多做to C投资的投资人转型做to B，即从投资面向个人的产品及服务转向投资面向企业端的产品及服务，这就是一条转型道路。同时，你也可以预先做好能力、金钱、人脉的累积，等待下一个好年份的到来。

很多投资人之所以会有“This time is different”（这次可不一样了）的焦虑和恐惧，很大程度上是因为自身经历的行业周期太短，无法看清风险投资的全貌。当你从一个更长的行业周期出发去观察和思考，就会发现机会很可能正在远方“伺机而动”。

关于风险投资的前景，于红也表达了类似的观点。她认为，要评价风险投资的前景怎样，最关键的还是看这个社会在本质上是不是由创新驱动的。眼下，创新仍旧是社会发展的原动力。

如今，大家的生活水平比以前高了，更多人会产生创业的想法。而且，大家对创业失败的容忍度也普遍比以前更高了。所以，今天的创业者比几十年前的创业者面临的环境更好。如果说创业的成功率是1%，那么可能之前有100个人出来创业，成功的只有1个人；现在有10000个人出来创业，成功的就有100个人。只要有优秀的初创企业，风险投资就有发展空间。

CHAPTER 2

第二章

新手上路

从这一章开始，你可以试着把自己代入投资人的角色，来感受一下如果自己将来干这行，在职业发展的每个阶段将会面临什么样的问题，获得什么样的成就感。

比如，你想在风险投资行业找到一个适合自己的工作岗位，那么下面这些问题你一定要了解：这个行业看重候选人身上的哪些品质？需要候选人具有怎样的学术背景？如果你的背景、资历符合要求，怎么进一步找到对口的投资机构？……它们构成了你在新手阶段面临的第一大挑战。

在找到合适的工作岗位后，你每天大量的时间会花在研究新行业和新项目上。因为一个“新”字，这些行业和项目很多没有得到市场验证，还只是非常初步的构想，而你要做的就是从中识别出最有价值的种子。那么，应该从哪些方面考察一个项目？这是你在新手阶段面临的第二大挑战。

要甄别一家公司是否值得投资，只看项目本身远远不够，你还要判断它的创始人身上是否具备带领企业走向成功的潜质，而看人可不是一件容易的事。这是你在新手阶段面临的第三大挑战。

风险投资是一个有机会创造巨额财富、改变社会风向的行业，这也要求投资人在考察初创公司和创业者时，要有异于常人的洞察力和判断力。在职业预演的第一部分——“新手上路”中，我们就一起去看看，投资人是如何克服新手阶段的重重挑战，修炼自己的洞察力和判断力的。

◎入行

怎样判断自己是否适合成为投资人

· 于红

对很多职业来说，因为从业者众多，有几十万、几百万甚至上千万人，所以往往存在大数定律，大家可以概括出具有哪些特质的人适合从事这一职业。但投资人这一职业则不然。投资人的从业人数并不多，这个职业的从业者没法“批量生产”，我也很难说清楚想成为投资人需要符合哪些硬性标准，甚至我觉得其实并不需要符合什么硬性标准才能成为优秀的投资人。

投资人跟什么职业比较接近呢？我认为它跟创业者比较接近。创业者中也几乎不存在大数定律，你很难说什么学历、什么专业的人适合去创业。而且，这两者还有一个共同点，那就是其工作的关键都在于对商业的判断是否准确，只不过创业者在做出判断的同时也在做具体的事情，而投资人在做出判断之后直接把资金投给了相应的企业。所以，国外很多投资人本身就是成功的企业家或者创业者。

然而，现实生活中切实存在一个问题——一个人想进入风险投资这个行业，他如何判断自己是否适合干这行呢？我的建议是，**想办法去认识五个投资人**。这是因为对于一项不了解的事情，人是很难说自己热爱或者想加入的。不认识那么一小撮投资人，你怎么去了解投资人的生活状态、工作状态，以及他们每天都在做什么？而如果什么都不了解，你为什么想做投资人呢？

同时，想办法认识五个投资人的过程，跟投资人找创业者、找项目的过程是极其相似的。作为投资人，看到一个感兴趣的项目，就要通过各种途径去联系项目创业者。对方可能愿意见，也可能不愿意见；如果不愿意见，你还要绞尽脑汁想出各种各样的方法。如果不愿意为了进入这个职业付出努力，那么你是否适合做投资人，这个问题的答案就是显而易见的了。

想成为投资人，一定要有金融背景吗

· 王冠珠

我们都知道，风险投资属于资产管理行业。那是不是意味着，这一行的从业人员都具备经济、金融、财务、工商管理等相关专业的背景呢？

并不是。投资人的专业背景远比你以为的丰富，没有局限在经济、金融等专业。比如，红杉资本合伙人迈克尔·莫里茨（Michael Moritz）在进入风险投资领域之前，曾是《时代》杂志的商业记者。这位投出了谷歌、领英等明星项目的投资人，在大学时期读的是历史专业，和金融并无关系。

另一位投资高手托马斯·帕金斯（Thomas Perkins），他在创建世界上最大的风险投资机构之一凯鹏华盈之前，曾是惠普公司的工程师。也正是这位“未来”的投资人将惠普带入了PC（Personal Computer，个人计算机）市场。

和莫里茨、帕金斯一样，很多投资人拥有不同的专业背景，并且在其他行业经过一阵“摸爬滚打”，之后才开启了以风险投资为志业的新旅程。

反过来说，为什么学财务、金融等相关专业的人在风险投资（特别是早期投资）从业人员中占比不高呢？

我觉得有这样一个原因：**投资人最关键的能力，是通过研究判断一个项目的优劣。**财务、金融等专业练就的科班手艺，比如根据财务报表评估可投性，参考经济模型估算未来走势等，在评估初创公司孰优孰劣这件事上没有太大的帮助。在风险投资领域，越是早期的公司，能够参考的财务数据就越少。反之，那些有工程师或者产品经理背景的投资人对技术和产品的认知能力，以及那些有商业记者背景的投资人在创业圈里的社交能力等，在判断一家初创公司是否值得投时更有帮助。

如果你有志于从事风险投资，那你完全没有必要为自己不是金融科班出身而踟蹰。只要你有优秀的研究和判断能力，无论学的什么专业，都有机会进入这个行业。

说到投资人的专业背景，下面不妨来看看一些著名投资人大学本科时所学的专业吧（按投资人姓氏首字母排列）：

李丰：峰瑞资本创始合伙人，毕业于北京大学化学系。

沈南鹏：红杉资本全球执行合伙人，红杉中国创始及执行合伙人，毕业于上海交通大学数学专业。

汪潮涌：信中利资本集团创始人兼董事长，毕业于华中理工大学（现华中科技大学）管理学院信息工程专业。

熊晓鸽：IDG资本创始人兼董事长，毕业于湖南大学英文系。

徐小平：真格基金创始人，毕业于中央音乐学院音乐学系。

徐新：今日资本创始人，毕业于南京大学外语系。

张磊：高瓴集团创始人，毕业于中国人民大学国际金融专业。

朱啸虎：金沙江创业投资基金董事总经理，毕业于上海交通大学通信工程专业。

看到这些优秀投资人在本科阶段所学的专业后，你对“投资人是不是一定要有金融背景”这个问题应该有了更明确的答案。没错，无论你学的是什么，只要你对投资人这个职业有兴趣，并且愿意持续学习新领域的知识，成为投资人就并非不可企及之事。

想成为投资人，大学毕业就要入行吗

· 某资深投资人

多数行业的新人，都是大学应届毕业生。但在投资领域，情况却不是这样的。

我们来看看在风险投资机构初级岗位工作的都是什么人：他们有的刚拿下 MBA（工商管理硕士）学位，有的已经在创业公司工作了一段时间，还有的在投资银行[1]接受过基本的财务训练。在这些投资新人中，鲜少有应届生。为什么会出现这种情况呢？

首先，投资本身不是劳动力密集型行业。投资机构招聘新人，一般是老人离开需要新人填补，或者是某个行业出现新机会，得有看得懂项目的人入伙。所以，多数投资机构每年的人才缺口都不大，也不需要海量“捕捞”人才的校招环节。

---

1. 关于投资银行的介绍，可以阅读第二章“新手上路”的“想成为投资人，可以从哪些方向开始”一节。

其次，投资是一项非常综合的业务。后文会介绍到，投资人要先人一步看清一家公司真正的价值，要具备行业研究能力，当然也要懂得财务、法务方面的专业知识。而且，投资机构并不打算将人招进来以后慢慢培养。更多时候，它们要求新人在进来之前就把基本功练好。打个不那么恰当的比方：投资这座庙堂的地基要打四根桩，而很多机构对新人的期待是在入行前先自己打完两根半桩，有个好底子在。如果连半根桩都没打好，就误打误撞地进这个行业，新人会很痛苦，机构也是。

更进一步说，投资还是一件“近人”的事儿。选中行业内最适切的创始人，非常考验你找人、识人的能力。老话讲，“世事洞明皆学问，人情练达即文章”，而我们在学校接受的教育以知识输入为主，鲜少涉及对人性的理解。因此，作为一个应届生，没有在实际工作中与不同的人广泛交往过，不懂得如何找人、识人，也就很难在投资机构里生存下来。

如果你有志于成为投资人，可以先在相关行业磨炼好基本功，保持尽可能广的社交面，之后再来敲投资人这一行的门。

当然，应届生也不是完全没有机会进入投资机构。很多大学生在毕业前会到投资机构实习，如果表现优异，就有被留用的机会。

此外，与投资机构相比，一些企业的战略投资部门对应届生比较友好，会设置校招通道。只是，通过校招进入风险投资行业的人依旧很少。

想成为投资人，可以从哪些方向开始

· 于红

前文说到，风险投资领域的新人很少有应届毕业生，因为这是一个比较综合的职业，既需要你有非常理性的一面，能够洞察商业社会的本质，能够去收集各种信息并加以分析，也需要你有非常感性的一面，能够高效地与人沟通。我认为**年轻人可以试着从投资银行、FA 机构和战略咨询公司这三个方向做起，积累入行经验。**

投资银行简称“投行”，它是一种金融中介机构，负责连接资产和资金两头，让企业获得更好的金融资源配置。其业务的主要切入点是为融资方和投资者服务。在某些时候，投行也可以作为投资者参与到交易活动中。在投行工作一段时间后，你会对金融世界的运行方式有一定的了解。

在中国，有一类特殊的投资银行，那就是 FA 机构。FA 在初创企业和未上市企业的融资服务业务中发挥着重要作用，因为它扮演了促成投资人与企业达成合作的财务顾问角色。换句话说，FA 要给投资人提供项目，给项目方找投资，是创业者和投资机构之间的中间人。在 FA 机构工作一段时间，你能更近距离地接触投资人和具体的项目，了解他们工作的底层逻辑。

战略咨询公司是帮助企业解决生存和发展问题的公司，它们会根据企业的需求，为其制定未来一定阶段内的目标、任务、政策等。在战略咨询公司工作一段时间后，你会对企业的发展情况及其面临的问题有更清晰的认识。

所以，如果你刚毕业，不妨先在这几个领域工作两三年，积累一些对商业社会的认知，之后再考虑是否从事投资的工作。

当然，你可能会问：如果我毕业后没有从这几个方向开始做，而是去了一些具体的行业，比如医疗、文化传媒、军工、材料等行业，并在那个行业积累了丰富的经验，之后想转行成为投资人还有可能吗？当然也是有可能的。正如前面所说的，做投资人其实没有什么硬性标准。

虽然从一些具体的行业也可以转行成为投资人，但值得提醒的是，这需要一定的契机。比如，这两年人工智能生成内容（AIGC）领域很热，如果你有相关技术背景，还有项目资源，那么想转行成为投资人并不是难事。毕竟，投资机构也需要一些看得懂新领域、新项目的新鲜血液加入。但如果你从事的行业并不是投资机构目前正在关注的那几个投资方向，你的转行之路就会比较艰辛。

想成为投资人，什么特质更受欢迎

· 于红

每家投资机构在招聘投资人时注重的个人素养不完全一样，有的比较看重社交能力，有的比较看重信息获取能力，这跟每家机构的特质有关，无法一概而论。我自己比较看重候选人是否具备以下三种特质。

第一，独立思考的能力。

这种能力在面试过程中就能有所体现。面试时，我通常不会问候选人“你对新能源行业有什么样的认识”，或者“你对农业产业有什么了解”之类的问题，因为对这类问题的回答可能并不是他自己独立思考的结果，而是他的老师研究出来告诉他的，或者是他从某个地方看到的。

一个人是否具有独立思考的能力会在投资工作中表现出非常大的差异。举个例子，针对隐形正畸行业市场规模的研究课题，不同人反馈回来的结果将会天差地别。有的投资人只是查找了一些别人的研究报告，报告上写的市场规模是

100亿元，他甚至都没有研究一下这个数据是怎么算出来的，就把这个数据汇报上来。这就是没有独立思考能力的表现。

另外一些投资人会怎么做呢？比如看到报告上写的市场规模是100亿元，但进一步发现，这个数字对应的隐形正畸行业在中国的渗透率是C%，而该行业在美国的渗透率是A%。假设未来隐形正畸行业在中国的渗透率也可以达到A%，那么，该行业的潜在市场规模就等于中国人口数乘以A%，再乘以客单价。

不过，只是做到这一点还不够。独立思考会驱动人做进一步的研究。

隐形正畸是有适应证的，当一个人牙齿情况不是很严重时，适应效果会更好（尤其是在隐形牙套发展初期，技术还不完善时）[1]。通过调研发现，美国人很多小时候就做过一次正畸了，成年后牙齿畸形的复杂度比较低，所以隐形正畸的渗透率更高一些。但是在中国，大部分人小时候没有做过正畸，所以要想通过隐形正畸一步到位难度会更高。这样看来，中国隐形正畸行业的渗透率可能很难像美国一样达到A%，即使在不考虑收入影响的情况下。

更进一步研究还会发现，因为很多美国人小时候做过正

1. 目前看来，隐形正畸的适用证越来越广，文中仅以此作为举例。

畸，所以成年人牙齿不整齐的概率是20%。相对来说，中国人没有从小做牙齿正畸的习惯，所以大家成年后牙齿不整齐的概率是60%，需要隐形正畸的比率就会比美国人高。所以，如果从这个角度看，中国隐形正畸行业的全人群渗透率理论上有可能更高。或者说这是一个利好因素。

一项研究是受复杂的多维度因素影响的，作为一个有独立思考能力的投资人，你一定不能简单地把这些数据拿来就用，还要进一步分析中美两国的不同之处，以及与美国相比，中国隐形正畸行业的市场规模可能会有哪些特点，并形成自己独到的分析结果。

到这里，已经考虑清楚了中国大概有多少人需要做隐形正畸。但是，做隐形正畸需要一笔不小的花费，所以如果再往下深入，你还要研究国人的购买力，看看根据当前的收入水平，有多少人愿意花钱做隐形正畸。到这一步，才对这个问题有了更进一步的理解。

第二，利他主义精神。

这里说的利他主义精神，是指在做事情时，一个人本能的出发点是能对周边的人或这个世界产生更好的影响。当然，并不是说一个人有利他主义精神就能做好投资，但这样的人一定是善于合作的，能给团队带来非常大的正面影响。此外，从更长期的角度来说，这样的人能接触的资源也是更多的。

第三，好奇心。

投资人是一个需要不断学习新知识的职业，只要从业一天，就要学习新的知识和行业。这是因为投资人需要不断变换投资赛道——随着社会和商业环境的不断变化，原来熟悉的赛道可能不会再有好机会了，这时必须有学习能力和学习意愿，去了解一个新的行业。比如，现实中很多原来投互联网的投资人就转换赛道去投消费、医疗或者硬科技了。面对这种学习需求，如果没有好奇心，就会在工作中感到非常痛苦。

在选择投资人时，每个机构都有自己的标准，以上三点只能说是我比较看重的素质，供你参考。

我们刚刚了解了想成为投资人，你需要有什么样的特质、可以从哪些方向起步。而当你完成这些前期准备之后，你就要大量地考察投资机构，选择机构来投递简历、面谈合伙人，争取拿下 offer（录用通知）。那么，可供你施展拳脚的机构都有怎样的区分呢？

想成为投资人，有哪几种机构可以选择

· 王冠珠

一般来说，投资机构会按以下两种形式去组织投资人的日常工作。

第一种，无论是初级职级还是高级职级的投资人，都有机会主导完成从投资、投后管理到退出的流程。不同职级的投资人都有可能在项目退出或者基金存续期到期后分到业绩报酬。

第二种，初级职级的投资人负责搜集项目，并在机构内部推动针对项目的投资。价值判断，也就是决定到底投不投的工作，则交给高级职级的投资人去做。至于利益分配，由于最后价值判断的结果是老人在背，如果这个项目赚钱了，老人会拿到一大笔业绩报酬。有的机构为了鼓励新人的工作，会设置“前端奖金”——只要推荐的项目过了立项会，新人就可以拿到一笔钱。但不是每个机构都会设置这种“前端奖金”，具体还要看各个机构自己的规定。

这两种方式都能保证机构运转良好，其差异主要体现在机构内部不同职级投资人的分工上。

投资新人做出第一份成绩，肯定是因为找到了一个好项目。如果在采用第一种组织形式的投资机构工作，那么在找到好项目后，你有机会陪伴企业成长。如果在采取第二种组织形式的机构工作，那么你可能需要长时间地做项目收集工作。机构对你的考核通常也是基于你一个季度往立项会上推了多少个项目。

组织形式会深刻地影响员工的工作方式。你应该已经注意到了，在这两种组织形式下工作的新人得到锻炼的能力有一定的差异，分别是“找到值得投资的公司”和“找到适合推上投决会的公司”。

这两种能力没有什么高下之分。很多投资新人在找到值得投资的公司之前，也需要关注其他投资人往立项会上送的项目是怎样的。但有一点要提醒你，在第二种机构中，因为领导考核新人的方法往往是基于他往立项会上推了多少个项目，所以有的新人可能会在考虑项目本身的价值之外，去迎合市场上的风口和合伙人看项目的偏好，甚至有可能在尽职调查里注水，让项目表现得更能过立项会。

在短时间内，上述做法可能会给你带来一定的收益，但从长期来看，这会让你形成不好的工作习惯，不利于你的发展。

除了了解投资机构的组织形式，王冠珠还建议，在选择机构时，一定要将目光聚焦在那些头部机构上。

投资人的职业成长路径并不像其他行业那样可以通过跳机构的方式实现。这里说的跳机构，就是指从一家名不见经传的小机构跳到小有名声的机构，再跳到业内顶尖机构。投资行业的投资端以及募资端有显著的顶端优势，这意味着顶端机构内部有足够多的项目机会，以及足够大的发展空间助你成长。有机会的话，你还是要先尝试业内这些顶尖的平台。关于这些平台，我们在第六章“行业清单”章节有列举和介绍。

此外，你还可以把目光放在那些规模可能没有顶尖机构那么大，但在细分领域下投得非常好的机构上，看它们与你关注的领域是否有重叠。

◎项目研究

在刚刚成为投资人时，你可能充满激情，想着："我一定要投出像BAT那样的企业来改变世界！"于是，你每天见七八个创业者，聊了一个又一个项目。你觉得每个项目都很好，都想送上投决会。

但渐渐地，你发现，这些项目中值得投资的并不多。很多人是跟风创业，他们根本就是在浪费你的时间。你开始陷入迷茫，不知道如何在一堆项目中找出有价值的种子。

实际上，在判断一个项目是否值得投资时，每一个优秀的投资人都有一套自己的考核标准，甚至有很多"道可道，非常道"的经验。在"项目研究"这一部分里，我们尝试为你搭建起风险投资项目研究的框架，并整理出了投资一线从业人员在反复验证与迭代中获取的行业研究心法。需要特别说明的是，对于这一部分提到的行业、公司、团队、创始人，不同的人可能有不同的看法，我们在这里重点展示的是投资人看项目时的推演过程和研究方法。

下面我们一起去看看项目研究的起点——在投资机构里找到自己的导师，从他身上尽可能多地学习看项目的方法。

怎样从导师身上学到有用的知识

· 于红

由于风险投资行业的特殊性，投资人是没有办法批量培养的，只能通过一对一的传帮带来培养。因此，选择一个好的导师至关重要。对新人来说，所谓好的导师，是那种具备投资审美的优秀投资人。通过他们，年轻人可以快速理解什么样的公司是好公司，而不仅仅是通过砸时间来买经验教训。要知道，一级市场的公司发展往往都是以5年、10年为单位的，**如果几年之后才发现投资的公司有问题，这种反馈周期对自主学习来说无异于灾难。**

投资行业有一个显著特点，就是投资人相互之间的分工协作非常少，基本上一个人就可以把所有事情做完。对于你的导师来说，如果他愿意主动教你怎么工作，那自然最好。可如果他没有主动教你的意愿，你又能怎么从他那里学到东西呢？

我认为，最好的方法就是认真学习导师如何提问。我经常跟我带的新人说，如果跟着我去开会，可以试着自己在心里提问题，如果发现我提的问题你大部分都想到了，那你就已经学到七八成了。当然，有了这七八成的功力之后，你还要付出很多努力，只有这样才能做出综合分析来决定一个项目是否值得投资。

此外，我还会要求新人把问题模板化，让他们整理出针对不同行业的投资人的提问提纲。这样做不是为了让他们下次遇到相关创业者就按这个提纲一个一个地问，而是为了让他们在列提纲的过程中重新思考一下，什么样的问题对这个行业是有效的。

你可以把新人阶段的这两个里程碑记下来。

第一个里程碑是，你发现在见创业者时，导师提出的问题，你自己也能提出其中的大部分。

第二个里程碑是，当你和导师开完会后，你能知道这个会议的结果是什么，也能知道这个项目到底靠不靠谱。当你刚进入这个行业时，每见完一个创业者，你都会面临导师的提问，你可以告诉导师自己对这个项目的看法。一开始，你对项目的判断可能是犹疑的、不准确的；但一段时间之后，你对项目的看法会变得明晰起来，判断也会越来越准确。

项目研究方法最重要的特征是什么

· 于红

在讲项目研究的基础框架和方法前，还有一点必须提醒你：这些研究方法并不能让你一招鲜吃遍天。如果抱着学到这些方法就可以一劳永逸的想法，那你可能会失望了。因为不同行业、处于不同轮次的项目都有各自的一套观察视角，项目研究的侧重点也各有不同。

我自己也是结合过往投资经验才意识到这一点的。我曾经投过一个 B 轮的项目，自认为对它的产品需求、商业模式等了然于心。之后，我在做顺势投资（Follow-on Investment），考虑下一轮要不要加码时，却发现自己原先的研究方法在这家快速成长的公司身上不再适用了。而当我从 B 轮出发，向前覆盖一些更偏向早期投资的项目时，我发现自己原先搭建的行业研究框架同样需要做出调整。

方法如果没有边界，就经不起考验。在做投资时，你要有意识地去积累针对不同行业、不同轮次的项目的研究方法。

拿几个处于不同轮次的项目举例。对很多早期公司而言，投资人主要看的是市场需求，即用户有多喜欢这家公司的产品。而像我们在下文会提到的壁垒研究，在这个阶段无须花费过多时间和精力来考虑。因为只要你进入得足够早，进入时买得足够便宜，即便一家公司在发展过程中无法建立起壁垒，估值到3亿美元就长不起来了，你也有机会把它卖掉并获利。

成长期公司面临更多的竞合选择。在这个阶段，投资人除了要验证产品需求的满足情况，还要将眼光放在行业的竞争格局上，看一家公司如何建立起“我有人没有的”壁垒。此外，因为快速成长期的公司已经积累了一定的销售和运营数据，所以你还要结合这部分数据，计算公司的单位经济效益，即在当前的运营模式下，公司有没有可能赚到钱。

至于运营相对成熟的公司，它的商业模式已经非常清晰了。投资人一方面要加大对公司商业模式的分析、计算，另一方面还要预判行业终局，思考自己的投资行为能否整合资源，提升行业效率。

你看，对于处在不同周期的公司，有这么多种研究切入角度。在具体讨论方法之前，你需要摆正心态：**研究项目没法靠一招制胜，你需要更加灵活地选取方法来研究项目。**

项目研究要从哪几个方面展开

选择赛道：找准细分市场远比盲找项目更重要

· 于红

很多急于“建功立业”的投资人会不加区分地约见创始人，在海量的数据和信息中找寻合适的标的。但我认为，在做这些投资的标准动作之前，至关重要的步骤是选好行业赛道。

注意，我说的选行业，不仅仅是行业大类，应该是更精准地选择细分行业。如何在一个大的行业里选择细分行业呢？你要先基于经验和直觉做一些与行业大类相关的假设。比如，物流行业市场规模很大，且最近发生了一些变化，如电商在快速发展，移动互联网的渗透率显著提升等，也许有新的市场机会，值得关注。有了这个假设之后，你要通过多方渠道去找可以证实或者证伪这一假设的证据。更重要的是，你要对行业进行分类。有效的分类可以告诉你真正的大机会可能在哪里，并且排除掉不具备机会的其他细分领域，极大地节省投资人的时间。

我曾经投过一个项目——满帮集团，这是一个做货运物流的平台。之前，如果企业想找货车司机，就要到相应城市的物流中心去。物流中心是一个硕大无比的大厅，有货源信息的专业分工人员（信息部）会租一个小工位，工位上放一个小黑板，写着需要从哪里到哪里的货车司机，比如从北京到长沙的。看到这个小黑板上的信息后，如果有司机愿意接活儿，他就会来跟你交谈。这非常不方便，而且对司机来说也很低效。毕竟，他拉货拉到某一个城市，要先卸货，然后再把车开到这个城市的物流中心，可能转悠半天或者一天才能接到下一单生意。满帮做的就是搭建一个线上平台，让货主和货车司机可以相互联系，提高双方的效率。

几年前，在开始关注物流行业投资时，我做了一张物流行业的分类图谱，横轴为业务形态，分为城际物流、同城物流和落地配[1]三部分，纵轴为运输货物的重量，分为小包（小于30千克）、零担（30～3000千克）和整车（大于3000千克）。

通过一些分析，我发现，物流行业最重要的是效率。但究竟是大公司更有效率，还是小公司更有效率呢？如果大公司无法形成规模效应或者网络效应，那么和小公司相比，它就不具备明显的竞争优势。因为当时我们重点关注比较轻的

1. 指货物在到达最后的目的地后，由到达城市的物流公司实施配送操作。这是物流运输的最后一个配送程序。

互联网模式，所以具备网络效应的模式是我们首要关注的。我们知道能够形成网络效应的一定是一个上游分散、下游也分散的业务模式，而城际干线物流就符合这个特征。于是，我把关注的重点放在了干线物流这个领域。也就是说，**首先要找到可能出现大公司、大机会的领域，然后再在那里挖掘，最后进行比较。**

这其实就是一个不断缩小范围的过程。要知道，物流行业是一个非常大的行业，如果没有这个过程，你可能一年看两三百家企业都很难找到一个合适的。但是，如果你把目光聚焦到一个比较小的范围内，可能看 20 家企业就能找到一个不错的。

总的来说，在一个小的分类中，想要找到好公司还是比较容易的，毕竟业务数据很直观，优秀的创业者也非常明显。最难的其实是怎么找到这个小的分类。当然，找小分类的过程不会像前面说的那样这么自上至下、简单直接，它是一个持续和创业者沟通、持续做研究、持续做修正的过程。毕竟，分类不是一成不变的，而是要随着认知的进步来逐步迭代。

调研需求：少数人的现有需求比较好切入

· 于红

市场需求是早期投资者需要着重考量的一个角度，有市场需求的产品才能找到它的第一批用户。

为了让你更直观地了解市场需求，我设计了一个“人群和需求”匹配的模型（见图 2–1）。

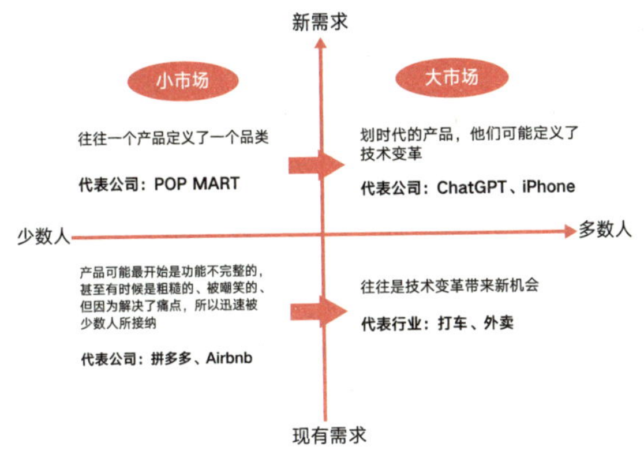

图 2–1　人群和需求之间的匹配

横轴从左到右分别代表“少数人”（相对小的市场）和“多数人”（相对大的市场）。大多数投资者是从市场大和小的维度来研究市场需求的。但这样的角度还不够全面。这里，我会引进一个新的维度——新和旧。

图中的纵轴就体现了这一维度。怎么理解自下而上分别代表的“现有需求”和“新需求”呢？现有需求是已有解决方案的显性需求。比如，打车就属于现有需求，网约车的出现是建立在现有需求之上的。新需求是还没有解决方案、等待被激发的需求，一旦有模式创新就会被激发。比如，以 POP MART（泡泡玛特）为代表的潮玩的出现，就激发了消费者的新需求。

你可以看到，根据“大和小”“新和旧”这两组比较维度，市场需求被划分成了四大象限。

第一象限，即右上部分，多数人、新需求，其原生产品可能本身就代表或者定义了技术革命，比如 ChatGPT 和 iPhone。

第二象限，即左上部分，少数人、新需求，其原生产品主要以品牌为代表，比如 POP MART、喜茶等，这些创新往往定义了一个新品类。

第三象限，即左下部分，少数人、现有需求。也许这些公司最开始面对的是小众市场，但他们有机会通过改善产品，逐步拓展到大多数人的市场（第四象限），获得商业上的巨大成功。这个演变不是必然会发生的，甚至可能大多数情况下不会发生，因此需要创业者做出非常多的努力。

第四象限，即右下部分，多数人、现有需求，其原生产品往往是由技术革命催生的，比如外卖平台。一日三餐是大多数人一直都有的需求，而技术变革带来了新的商业机会，使得像美团这样能解决多数人现有需求的公司涌现了出来。

从图中可以看到，这四个象限里都有比较成功的产品。但我要提醒一点，少数人的现有需求，即第三象限可能是比较容易切入的一个领域。

以我投资的一家公司“玩物得志”为例。国风文化电商平台“玩物得志”覆盖了玉翠珠宝、木雕盘玩等八大品类的万款商品。买珠宝文玩的需求古已有之，人群小众且固定，是比较典型的少数人的现有需求。在文玩方面，中国有很多专门卖古玩的地方，比如北京的潘家园和琉璃厂大街、西安朱雀路古玩城、郑州送仙桥古玩城。这些地方人流量一直不低，生意都非常红火。珠宝方面也是如此，我在调研时还发现了一个很有趣的现象：我妈妈那一辈的人平日里非常节俭，平时我要给她买什么东西，她都摆摆手表示不要，唯独要给她买玉镯子，她欣然接受了。

但是，过去大部分文玩交易场景都局限于古玩城、旅游景区、原产地等地，范围非常小，触达的人也比较有限。“玩物得志”通过品类线上化，消化了线下效率不高的存量市场，并通过高效的运营手段让少数人买文玩的需求慢慢演化为更多人群可消费的国风品类的需求。比如，我妈妈这样的中老年人被激发出了戴玉饰的需求，喜欢国风的年轻人则被激发出了盘核桃和喝茶的需求。这样一来，“玩物得志”就在用户“人群和需求”匹配模型中完成了从第三象限到第四象限的转变。

你也可以带上这个匹配模型，去看项目在满足市场需求时被细分到了哪个象限。如果这个项目在一个存活率相对比较高的象限，也就是它满足了少数人的现有需求，你还要继续观察项目团队是不是有把专业品类泛化、拓展至多数人市场的执行能力。这块内容，我们留到“寻找和识别创始人”的部分继续讨论。

找到差异：选择带来结构性变化的解决方案

· 于红

上一节提到了“现有需求”的概念，它指的是那些已有解决方案的显性需求。在调研了一些项目满足用户需求的情况后，你会发现，衣食住行等绝大多数刚性的现有需求，早就被行业里的领头羊解决了，市面上很多创业者在做的其实是优化现有产品体验的工作。

所以，投资人经常要面对这样的问题：一家公司的创始人找到你，表示他可以提供比现有解决方案好10%的新方案。比如，他手上有一个新配方，能生产出比可口可乐更好喝的可乐，这种创业公司是好的投资标的吗？

答案是否定的。为什么这么说？来看一个公式，它可以解释优化现有产品体验的逻辑：

新产品体验＝现有产品体验＋优化的体验－用户转移成本－用户触达成本

在现有产品的优化上，用户转移成本和用户触达成本是行业领先者现有的资产。所以，在计算新产品体验时，要把这两项减去才行。其中，用户转移成本非常高。特别是一些企业服务类型的公司，它们的产品里存有客户的数据、工作流程、关系链等。换用新产品相当于要重建数据和流程，费时又费劲。因此，客户群的路径依赖比你想象得“严重”得多，只将产品体验优化10%的新产品对他们根本没有吸引力。

现有产品的优化体验带来的增量被后两项成本抵消，创业公司还是很难赢过现有行业的领头羊。不过，投资人往往会忽略这一点。实际上，**只有具备显著差异或者结构性变化的解决方案才是你应该找的投资标的，它要比现有解决方案好三五倍甚至十倍，能够带来质的变化。**

那么，能够带来质的变化的解决方案是什么样的？下面给你看两个典型案例。

一个例子是我投资组合里的公司酷家乐。这家公司做的是面向室内设计师的装修设计软件。过去，室内设计师把设计原型图渲染为效果图，经常需要花费几个小时，这使得设计师和客户之间无法及时沟通。酷家乐创始团队研发的 Exa Cloud 技术却能将渲染时间从几个小时缩短至 10 秒，客户跟设计师聊着天提意见时，修改后的渲染效果图就出来了。这样一来，客户的体验就变得非常好。同时，因为单个客户沟通的时间缩短，成单效率也得以提高。现在，已经有越来越多的室内设计师将工作阵地从建模软件 3ds max 转移到了酷家乐。而这家公司还在进一步构建 BIM（Building Information Modeling，建筑信息建模）的技术能力，实现所见即所得，覆盖家居、公装、房产等市场。

另一个例子是 PayPal（第三方支付服务商）。PayPal 投入使用之前，买家在 eBay 上购物需要先向卖家邮寄支票，到款周期在 7 ～ 10 天不等。而 PayPal 即拍即付的功能让付款时间从 10 天变成了几秒，这种上万倍的效率提升，带来了远超顾客预期的购物体验。于是，PayPal 很快就成了线上购物的主要支付方式。

在看那些对现有产品体验进行优化的新产品时，你要着重考核它是不是做到了10倍以上的优化。只有像酷家乐（在渲染速度方面）、PayPal（在支付效率方面）这类带来重大变化的解决方案，才能抵消高昂的用户转移和用户触达成本，跑赢现有产品。

感知环境：眼光要放到项目之外

· 于红

看到那些带来全新产品体验的项目时，投资人既可以从项目能否带来显著差异的角度考虑，也可以跳出项目本身，观察推动这个项目产生的外部环境。

之前没有人做成功，现在成了，是不是有一些变化的外部环境在起作用呢？比如，10年前为什么没有宠物自动喂食器？它的出现和年轻人的小家庭化、不婚主义、相关技术发展趋于成熟有关联吗？

这只是我随手摘取的一个例子。但我们确实可以从几个不同的维度出发，理解外部环境变化对投资的影响。

比如人口结构的变化。无论是老龄化，还是年轻人变得更加独立、小家庭化、丁克等，这些最基础的人口结构变化都会催生新的产品和服务模式，进而对投资决策产生影响。宠物自动喂食器的出现，就和人口结构变化有关。

比如消费观念的转变。大家更趋向于购买海外品牌还是国货，更关注产品的性价比还是精神格调，这些都属于消费观念的变化。在经济不景气的大环境下，消费者都想节约用钱，而这种观念转变带来了共享经济的快速成长和爆发。Airbnb 和 Uber（优步）就是在这一背景下成立的典型公司。

比如技术的进步。从互联网、移动互联网时代到社交时代、视频时代，巨大的技术变迁带来了许多投资风口。特别值得关注的是技术变迁带来的微生态变化。比如，从移动互联网时代进入社交时代时，大部分在微信做电商的创业者都沿用了手机淘宝的思路，拼多多却和移动互联网时代的创业产品有本质的不同。

再比如政策的变化。政府推出的有关政策同样会引起市场的剧烈波动。2018 年，政府出台“药品带量采购政策”，在此背景下，多款中标药物价格下降 50% 以上，而这深刻影响了 A 股市场上医药公司的股价。一级市场的投资人在评估医药企业时也表现得更加慎重。

任何创业项目本质上都是时代的产物，无可避免地会与社会发展的大趋势产生碰撞和关联。你要把握住大的时代背景，它能帮助你更好地理解一个行业、一门生意和一家公司所处的位置以及它们发挥的作用。而这也是项目研究的一种外部视角。

硅谷风投机构标杆资本（Benchmark Capital）的合伙人马特·考勒（Matt Cohler）曾说："我的工作不是预测未来，而是最早地感知当下（环境）。"同样，投资人卓立伟曾说，做投资决策时要"从最复杂的宏观经济，或者说更宏大的对社会的理解，逐级落到产业研究，落到企业的具体业务分析，再落到企业盈利能力与估值"。这些投资人都是从与项目相关的外部环境出发，一点一点落回到项目本身。

在中国，能够体现宏观经济运行情况的数据主要有下面这些。平时看财经新闻时，你可以多多关注。

· 国内生产总值（GDP）；

· 消费者物价指数（CPI）；

· 生产者物价水平（PPI）；

· 工业生产增加速度；

· 社会消费品零售总额；

· 固定资产投资；

· 财政货币利率；

· 研究与试验发展经费；

……

投资人很多时候就是通过比较的方式，比如某个行业产生的经济效益占中国当年GDP的比重是多少，某个产业在中国的产能分布情况、其产能总量在全球的占比是多少，等等，找到在宏观层面有相对优势的行业，从中发掘潜在的投资机会，进一步研究项目的盈利和增长模式。

分析效益：甄别项目的盈利模式

· 王冠珠

参考外部环境调研需求、找到差异点以后，投资人可能已经发现了一些合适的投资标的。这个时候，你还要做一下验算，看企业如何获取利润，利润是否可以覆盖成本。

不光是风险投资，日常生活中我们也常常会这样做。比如，你想去日本屯些化妆品和护肤品，出发前你是不是会打个小算盘，看看帮人代购的辛苦费以及自己省下来的钱能否覆盖机票和酒店费用？

但是，很多初创企业对自己实现盈利的形式尚且认识不清。有的创业者认为，企业亏损只是暂时性的；因为有融资支持，他们更觉得烧钱不是个事儿。实际上，持续亏损很可能是因为企业的业务模式本身不成立，致使利润难以覆盖成本。

这就需要投资人找到企业的收入公式，写下能够体现企业收入和成本关系的那个最小运作单元（即单位经济效益），分析在怎样的情况下收入会大于成本。这些计算有助于你判断企业的业务模式能否在未来持续具备竞争力。

比如，电商行业普遍的收入公式是：客单价 × 毛利率。理想状态是选择客单价和毛利率都尽量高的产品。当然，企业可以通过有效的销售策略去影响客单价，比如让本来只想买一件商品的用户同时买两件或者多件商品。

找到收入公式后，再看电商每卖出一件商品的收入和成本的关系，即它的单位经济效益。电商行业的单位经济效益公式一般为：

客单价 × 毛利率 > 每单仓储和配送成本 + 每单销售提成

你需要分析在什么情况下公式左边的收入能够大于右边的变动成本支出。比如，摊薄费用，或者探讨是否有减少仓储成本的可能，等等。

当收入大于变动成本支出，也就是这个公式成立时，投资人还需要考虑企业前期投入的获客成本。获客成本也是成本的一部分，因为它和单件商品的收入 / 成本关系不直接挂钩，所以并没有将其纳入上述公式。但是，如果企业为了吸引用户在前期投入了极高的营销费用，并且用户之后很快流失了，即便单件商品能够实现盈利，其收入也无法覆盖这部分支出。所以，研究企业在固定时间内实现的盈利是否可以抵消获客成本，也是你在分析企业盈利模式时需要特别注意的。

除此之外，我要特别提醒你的是：大部分初创公司的业务单一，收入公式也相对简单。前面的收入 / 成本关系同样只是一个静态的结果。伴随着企业的快速发展，它往往需要拓展新的业务，形成更为复杂的产品矩阵。这时候，投资人还要分头寻找不同业务甚至不同行业的收入 / 成本关系，思考它们之间应该如何组合变化才能真正实现盈利。

计算规模：记住 500 亿这个虚数，从上到下去推演

· 于红

分析完单位经济效益，投资人还会把眼光放在这家公司所在领域的市场规模够不够大上。所谓市场规模，是指一段

时间内，一类服务或者产品在某一个范围内的市场销售额。市场规模足够大，一家公司可腾挪的空间就足够大，往后的融资过程也会相对容易。那么，一家公司所在领域的市场规模要有多大才算是理想的呢?

我先告诉你结论，然后我们自上而下地做一遍推演。

我自己估算出来的数字是500亿元。这是个虚数，也许是200亿元、300亿元，也许是1000亿元，具体数值取决于行业的利润率水平。但是，一个领域只有具备200亿～1000亿元的市场规模，才有可能成就一家10亿美元估值的公司，也就是我们常说的“独角兽”。

这里首先要注意，500亿元不是说收入，而是说前面提到的市场销售额，比如GMV（Gross Merchandise Volume，成交金额）[1]。以某视频网站为例，它以会员缴纳的会员费和广告为主要收入来源，那么，会员费和广告所产生的最终GMV才是这里所指的市场规模。

在500亿元的市场规模里，假设你看的这家公司市场占有率为20%，那么它的市场规模就是100亿元（500亿元×20%）。而“找到差异”一节提到过，新的公司模式要在效

1. 这是电商类互联网平台经常使用的一个术语。用公式表示的话，成交金额 = 销售金额 + 取消订单金额 + 拒收订单金额 + 退货订单金额。

率上有所提升，假设它的效率提升是 2 倍，这家公司就有 50 亿元的 GMV。

在 50 亿元的 GMV 里，如果公司能赚取 5% ～ 10% 的净利润率，就已经非常高了。以电商平台为例，5% ～ 10% 的净利润率实际上是佣金比例。也就是说，50 亿元的平台 GMV，公司最后只有 8% 左右的利润率，也就是 4 亿元的利润。按照 15 倍的市盈率（PE，Price Earnings Ratio）[1] 计算，就能得到 60 亿元，也就是 10 亿美元左右的估值。

你可能会问，为什么是 15 倍的市盈率？因为假设公司利润在达到 4 亿元时，市场占有率达到 20%，公司在市场上就已经处于一种比较均衡、稳定的状态了。这时 PE 倍数不会特别高。

你可以看到，一个实打实的 10 亿美元估值的“独角兽”企业，要有 4 亿元的利润，这对一家企业的要求是非常高的。进一步拆解 4 亿元利润：这家企业若是可以从每个用户身上赚 100 元，按照 8% 的利润率计算，用户就要消费 1250 元（100/8%）；而像这样能够消费 1250 元的付费用户要有 400 万名左右。可以想见，如果不是在中国这样有十几亿人

1. 这里所说的 15 倍 PE 是投资人和创业者约定的数值。倍数估值法是一种计算方法，计算公式为：市盈率倍数 × 净利润 = 公司价值。我们会在第三章“进阶通道”展开介绍风险投资中几种常用的估值方法。

口的“超级市场”里，找到400万名这样的付费用户是一件多么困难的事情。

市场容量的大小会间接影响到企业在发展过程中能够获取的用户数量及净利润，而且这种影响力很大。在看一家公司所在领域的市场规模时，你也可以借用500亿元（市场规模）这个虚数，自上而下去核对它的利润与估值（推演过程如图2-2所示）。

图2-2 从市场规模推演公司估值

工作一段时间之后，你会发现，很多投资人在跟创业者沟通时经常会强调“短期看需求，长期看壁垒”。

短期之所以要看需求，是因为创业初期容易短暂地出现供给真空期。企业只要满足好一小部分用户的需求，就可以享受一段时间的红利。但伴随着越来越多的玩家入场，市场会逐渐趋于饱和，没有形成壁垒的公司就会在竞争中被淘汰。从长远来看，对一家想要对标“独角兽”的企业而言，建立属于自己的护城河至关重要。

接下来，让我们先厘清有关壁垒的一些概念。

壁垒可以做哪些细微的区分

· 于红

我们先尝试通过具体案例来厘清有关壁垒的一些概念。

壁垒 vs. 优势

投 B 轮左右的项目时，我常会问创始人“你觉得自己的壁垒是什么”。很多人给我的答案是团队——“我们做技术的哥们儿之前是某大厂的技术总监”“我们负责销售的同事经验丰富，能力远在竞争对手之上”。其实，这样的回答恰恰暴露了创始人对自己的壁垒认识不清。

壁垒是我有、其他人没有或者很难拥有的东西。如果一个创始人认为自己公司的壁垒建立在团队之上，那他就是混淆了壁垒和优势：团队是所有创始人都需要搭建的，我们只能说团队能力强是这家公司的竞争优势，而不能说它是这家公司的独特壁垒。

进入壁垒 vs. 竞争壁垒

那么，“我有、其他人没有或者很难拥有的”壁垒究竟是指什么呢？彼得·蒂尔（Peter Thiel）综合研究了一些垄断企业的特点，然后提出了在投资界公认的四类壁垒，分别是专利技术、品牌优势、规模经济和网络效应。这几类壁垒的具体特征，我们放到后文展开介绍。这里要特别关注的一个问题是，它们之间是不是也有区分呢？

没错，专利技术可以被视为进入壁垒，其他三者则属于竞争壁垒。所谓进入壁垒，是指行业内既存企业相对于有意进入或者刚刚进入这一行业的企业形成的某种优势。比如，芯片等领域的一些科技公司都有自己的专业技术，其他公司不具有这种专业技术，就没有办法和它们竞争。

再来看竞争壁垒。这种类型的壁垒之所以出现，是因为在新型互联网时代，拥有进入壁垒的行业或公司越来越少了。很多企业都是在与同行竞争中，一点一点地建立起了自己的防御能力，也就是竞争壁垒。可口可乐的品牌优势、特斯拉的规模经济、脸书的网络效应，等等，都是这个道理。

我们之所以在这里强调两种壁垒的区分，是因为竞争壁垒的重要性在未来会不断超越进入壁垒。特别是在互联网行业，技术壁垒不是持续的。有一项好的技术出现，竞争对手马上就会加大投入跟进。在接下来的几个小节，我们会结合实例来具体分析一下几种典型的竞争壁垒。

创业公司早期可以没有进入壁垒，但一定要在成长过程中逐步构建起自己的竞争壁垒。这是你作为投资人在识别企业壁垒时需要特别注意的。

竞争壁垒主要有哪几种

品牌优势：把品牌打到极致的“沸水效应”

· 王冠珠

关于品牌优势，我想从我投的一家公司智联招聘来引入。

2007—2008 年，智联招聘推出了黄健翔、徐静蕾版本的“跳槽代言人”广告，在全国重点城市的中心地铁站大面积投放，并配合有公交、商务楼等不同媒介的曝光，投入超过 1 亿元。投入这部分巨额营销费不是为了别的，就是为了让消费者建立起对智联招聘品牌长期稳定的心理认知。

当时，招聘市场逐渐从报纸广告转移至网络。而为了打响自身品牌的知名度，以智联招聘、前程无忧、中华英才网为首的几家招聘网站都使出了浑身解数。毕竟，和品牌知名度较低的企业相比较，知名度较高的企业必然具备较有竞争力的客群基数，于企业、于投资人而言都能形成显著优势。

具体而言，智联在营销上的巨额投入带来了很多口耳相传的宣传语，比如“好工作，上智联招聘”等，它们为品牌带来了巨大的增值。这在后续也深刻影响了智联的商业效率：在月度总浏览页面、日均访问次数等数据上的表现，它都开始居于领先位置。

正如我投资组合中的另一家公司赶集网的创始人杨浩涌所言，互联网品牌的营销策略讲究所谓的“沸水效应”，品牌没打到极致，就像水没烧到100度，不继续烧热度很快就没了；但只要先把水烧开，哪怕后续只是用小火慢煮，也能保证水一直在沸腾。用户对品牌的持续认知也是这个道理。

还有一点很重要的认知是，即便公司的体量不同，把品牌打到极致的重要性也是相同的。杨浩涌曾用二手车线上交易网站举过一个例子：你不会在做1万辆车时只需要1亿元广告费，做10万辆车时需要10亿元，而是从头到尾都需要10亿元。这对投资人的启示在于，早期公司也要有建立品牌的意识。如果一家公司在创业初期没有一个立得住的品牌，进入成长期后，它的获客成本就会随之变高，容易在行业竞争中处于劣势。

然而，对很多初创企业来说，在资金不够充裕的情况下，想要用重金“砸”出一个立得住的品牌是不切实际的。那除此之外，企业还可以通过哪些方法建立品牌优势呢？

第一，企业要培养自己的产品能力，研发出足够有竞争力的产品。这不是老生常谈，很多公司早期与其说是在打响品牌，不如说是在建立口碑。产品有了好口碑，最直观的表现是用户自己的复购，以及推荐他人购买。这对早期公司来说非常重要。

第二，企业要培养自己搭建渠道的能力。拿火遍大江南北的凉茶品牌王老吉来说，除了产出爆款广告“怕上火，喝王老吉”，王老吉团队还以能在一夜之间把产品送达全国各地餐饮饭店的铺货能力闻名。很多时候，**一个品牌的胜利同样得益于渠道的胜利。**企业能否搭建多元的销售渠道——无论是线下还是线上私域流量的拓展——触达消费者，是你在考察品牌优势时应该着重考量的。

第三，企业要培养自己定义新品类的能力。现在一些比较成功的品牌，其实是在传统品类里发现了一些符合用户需求的新品类。最典型的一个例子是喜茶。在早期流行用奶精冲泡的茶饮行业，自建茶园、自供茶叶的喜茶显得非常小众。但是，喜茶满足了很多年轻人“想喝奶茶又不想太有罪恶感”的诉求，开创了“新式茶饮”品类，在竞争者不断的茶饮行业站稳了脚跟。企业能否定义新品类，以及品类是否有发展、成长的潜力，也是你在考察品牌优势时需要把握的。

有一个例子可以让你切身感受一下什么叫品牌优势，那就可口可乐公司。他们曾表示：“假如我的工厂被大火毁灭，假如遭遇世界金融风暴，但只要有可口可乐的品牌，第二天我又将重新站起。”

规模经济：用规模去改变成本和运营结构

· 李剑威

我们知道，大部分企业在扩大规模的过程中获得的都是有限利益。比如，一家健身工作室不管如何扩大训练场地、增加教练人数，服务的顾客数量依旧是有限的。至于那些以规模经济为壁垒的公司，它们开发产品的固定成本能由更高的销量分摊，继而边际成本可以不断递减，公司也因此具备了大规模发展的潜能。

过去在红杉资本中国基金任职期间，我投出了智能短途代步设备运营商九号公司（Ninebot），这就是一家以规模经济为壁垒的公司。通过九号公司的案例，你可以更好地了解这一壁垒在行业竞争中起到的重要作用。

九号公司前期主要研发、生产平衡车（如图 2-3 所示），它的两位创始人都毕业于北京航空航天大学，是从事机械机器人设计的高才生。然而，这两位创始人在动做平衡车的念头之前，美国已经有一家非常成熟的公司专门在做这款产品了。这家公司就是赛格威（Segway）。一家初创企业要如何跟行业龙头竞争呢？

图 2-3　平衡车的样式

很快，九号公司的团队找到了竞争的突破口。自 2001 年上市以来，赛格威版平衡车一直被市场诟病定价高昂——从 4950 美元到 6124 美元不等。如果再选装点什么，价格就直接奔着 1 万美元去了。这让它注定无法成为普通老百姓可以消费的产品。

而九号公司团队所做的，就是想方设法地降价。从选择轻量级的材料到优化供应链，再到控制生产成本，都是为了以更低的价格推动销量增长，实现规模效应。

九号公司第一代平衡车的零售价是 1.2 万元，相比于赛格威的产品已经便宜很多了。而在我投完后的那年，他们发布的第二代产品直接把价格降到了 1999 元。当时我问创始团队有必要卖这么便宜吗，**他们给我的回答是："屠城就屠狠的。"**

后来的故事你可能已经知道了：九号公司的规模优势根本性地改变了成本和运营结构，低价使得需求量大增。它频频出现在小区、公园、广场等生活场景，成为大众青睐的短途代步工具。2015 年，九号公司在小米和红杉等投资机构的财务支持下，反向收购了平衡车鼻祖赛格威，获取了全球的专利、品牌和渠道，赢得了平衡车市场的竞争。

如果延展开来讲，特斯拉在建立自己规模经济的壁垒时也用了相似的路数。在形成一个非常炫目的品牌以后，特斯拉就尝试使用各种方法，“专心”降价，率先将成本控制在 2.8 万美元左右，形成规模效应，成为电动车市场上最大的玩家。

可以想见，企业能否通过有效途径控制成本、建立起规模经济的壁垒，规模优势能否进一步改变企业的成本和运营结构，是你在判断壁垒时应该着重考量的事。

网络效应：能够自循环的产品才是最优秀的产品

· 于红

介绍网络效应前，我想先与你分享我经常用于评判产品优劣的三个步骤，它们分别是：

· 能否增加用户；

· 能否留存用户；

· 能否自循环形成壁垒。

增加用户和留存用户比较好理解。至于第三个步骤中的自循环，是指每新增一个用户都能对系统，也就是前两个步骤带来正向影响力（如图 2-4 所示）。

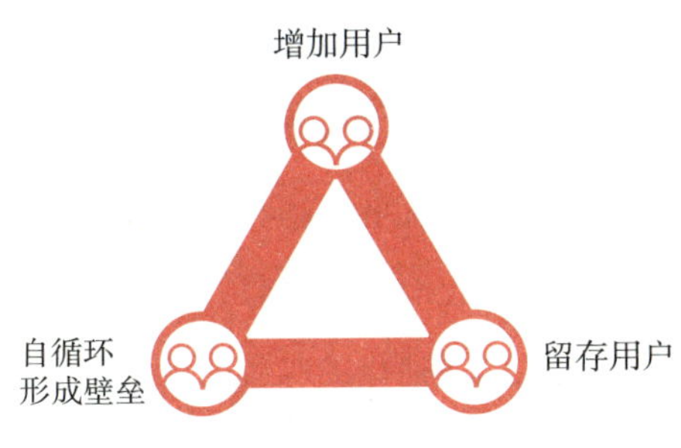

图 2-4　产品的自循环

为什么这么说？通常情况下，产品的新增用户几乎不会对老用户产生价值。但如果平台里相当一部分内容能被放入公域市场，让用户之间产生关联，他们可以在平台的公共场域参与讨论，其讨论又能被新用户阅读，那么新增用户就有可能对老用户产生增益效果。这就是为企业筑起竞争壁垒的一种网络效应。

你会发现，那些在自身核心商业模式中植入了网络效应的公司往往能够取胜。除了前面说到的这种形式，网络效应还有很多其他表现。比如，微信这款产品中植入了个人效用网络：用户和用户之间是具有关联性的，用户在这里与自己社交圈内的人沟通，维系自己对外的形象；选择从中退出的话，用户的社交关系会受到极大的影响。同理，用户如果单方面选择一款“与众不同”的社交软件，也会因为无法形成网络效应而难以持续地使用。

再比如，淘宝、拼多多等交易平台植入了双边网络：供应和需求两侧的用户在加入网络后为对方提供互补性的价值。用户量越大，平台商品的价格会越有竞争力。同时，因为它们的价格与其他平台相比有显著优势，所以有机会获取更多用户。至于那些建立起强连接的双边网络，还可以配置上下游的资源。美团就投入了大量精力帮助广大中小餐厅做数字化经营，让它们可以更加顺畅地接入网络。

除此之外，电子游戏机 Xbox 中植入的是平台网络：它可以把用户与海量游戏连接到一起。它拥有更多的用户，就可以吸引到更多的游戏内容；有了更多的游戏内容，就又会吸引到更多的用户。相较于游戏带来的网络效应，Xbox 本身的价值就相对显得次要了。

这些公司通过不同形式的网络，实现了“越大越好、越好越大”的自循环。总而言之，你在评估一家公司及其产品是否发挥了网络效应时，就看两个方面：第一，用户与用户之间是否存在关联性；第二，新用户的增加是否能够使老用户的价值增大。符合这两个条件，就可以算是具有了网络效应。

数据优势：全方位描摹用户，理解市场需求

· 于红

先来做一个思想实验：如果你现在有几百亿元的资本，是不是可以再造一个淘宝出来？我想，绝大多数人会给出否定的答案。其中很重要的一个原因是，淘宝在几十年的经营中留存了大量 B 端和 C 端的数据，这些数据是你今时今日“再造”淘宝时难以企及的。

投资人需要意识到，除了彼得·蒂尔提到的几类壁垒，企业善于应用数据的能力同样是典型的竞争壁垒。并且，这种能力在未来会发挥越来越重要的作用。

我们平日里使用抖音、网易云音乐、美团等产品，经常会有这样的体验：多次打开 App 看短视频、听歌、点外卖，平台就会把更符合你口味的内容推送给你。这正是因为平台通过分析数据，为不同的数据赋予权重，进而对用户进行了全方位的描摹，并在此基础上为用户提供更为精准的推荐服务。

只要把数据视作串联平台内部各项业务的一条绳索，我们就可以极大地提高效率、增加用户黏性。与此同时，使用产品的用户又会形成数据回流，进一步完善企业对用户的认知。你可以看到，企业正是通过数据去理解用户变化的需求，主动对市场变迁做出响应。

反过来，我要提醒你的是：如果数据只是产品的边缘属性，那么它发挥的作用会明显减弱。很典型的一个例子是在线视频 App。真正为爱奇艺带来价值的是 App 里电视剧、电影等的节目存量，而不是推荐节目的功能。在爱奇艺节目储量不足的情况下，数据能够起到的作用非常有限。

也就是说，在企业的数据和其核心业务高度挂钩的情况下，你应该着重考察企业运用数据驱动自身业务及产品的能力。

美国管理学家吉姆·柯林斯（Jim Collins）提到过其教授罗伯特·伯格曼（Robert Burgelman）说的一则忠告：工作和生活中最大的危险不是彻底的失败，而是成功了却全然不知成功的原因。我们在这几个小节集中讨论壁垒的重要性正在于此——它能帮助你找到一家公司获取成功的真正原因之所在。这样，公司在未来的运营过程中才可以不断复刻自己过去的成功。

接下来，我们去看看决定一家公司增长质量的因素有哪些——这能帮助投资人更好地识别早期项目。

怎样判断项目基本面的增长质量

· 李剑威

拿到一个项目之后，投资人要从多个角度进行综合分析。其中非常核心的一点是，这个项目的基本面增长质量必须是正向的。具体来说，基本面增长质量包括以下六个方面的内容：

第一是市场的大小和增速。很多投资大佬比较强调一个项目的市场要足够大，但如果市场足够大，谁都能看到，竞争就会非常激烈。我比较看重那种市场暂时还不够大，但大家对它未来的市场规模都比较有信心的项目。换句话说，就是潜力大、增速快的项目。

第二是产品的差异化程度和壁垒。关于这一点，前文已经详细论述过了，这里就不赘言了。

第三是产品增长的路线图。**投资人投的不是一家公司的现在，而是它的未来，因此它未来的产品形态也是十分重要的。**关于这一点，我通常会跟创始团队进行深入沟通，共同推演这个行业在两年甚至五年之后会发生什么变化，这家公司未来会做出什么样的产品。比如，我们在2016年投资了得到App，当时我们就已经预见到了现在得到App大部分的产品形态，包括课程、电子书、听书，甚至是它的一些硬件产品。

第四是这个创业团队的愿景、组织能力、执行力等情况。这一点我们也会在后文专门讨论。

第五是单位经济效益和现金流情况。

每个投资人对单位经济模型的取舍和偏好不一样，而我的偏好是不投单位经济模型差的公司。比如生鲜电商领域的创业公司，产品毛利很低，巨头林立又使得竞争非常激烈，为了赢得竞争，它们只能天天做促销、送券，结果就是做一单亏一单。这种模式就很差。

那什么是比较好的单位经济模型呢？比如得到App的听书业务，由解读人来讲解一本书，录制、生成一个音频产品。这项业务的成本是固定的，产品生产完了就放在那里。付费方式是会员制，用户先付钱再享受服务。对得到App来说，如果一个新用户购买了听书的产品，那么只需要从已经录好的音频文件里把用户需要的内容调出来就可以了，它的边际成本是0，不需要再额外付出什么成本。而且，只要客户续费，它每年的收入都会增长。

现金流情况主要是指一家公司的经营性现金流。长期来看，一家健康的公司应该产生规模性的正向经营性现金流。刚刚开始创业的公司可能没有收入，这时需要融资，打造产品和服务；当公司开始有收入，商业模型已经初具形态，但现金流入依然不足以覆盖成本时，要计算未来到什么规模能够实现现金流的盈亏平衡。这一点在“分析效益”小节也有提到。好的业务模式可能很快就能带来正向的现金流，而有缺陷的商业模型则可能导致长期出现负现金流的情况。

第六是政策导向。这一点很好理解，就是指你投资的公司发展的业务最好是国家政策鼓励的方向。

以上六个方面决定了一个项目的基本面增长质量。不过，并不是说只有在这六个方面都非常好的项目才值得投资，而是说投资人在做风险投资时要从这六个方面综合考虑。

如何从终局出发判断企业的价值

· 于红

我们通常认为，企业逐步建立壁垒，在行业里占据一席之地时，需要思考这样一个问题：自己所在行业可能的终局在哪里？这是因为企业如果可以明确终局目标，并将其作为当下处理事务的参考尺度，就有机会“超前”创造产品或服务的新范式。

很典型的一个例子是苹果公司。早年，苹果看到智能手机对 iPod 销量的冲击，预估了未来 5 年智能手机行业的格局，并反向推演自己能否凭借制造 iPod 的技术优势在智能手机市场切到蛋糕，以及能切到多大的蛋糕。正是在这种终局思维的关照下，苹果公司推出了 iPhone，重新定义了智能手机和移动互联网行业。

事实上，投资人在研究一家逐渐形成自身壁垒、能在行业立足的公司时，也可以采用这种思考方式：**参照行业终局，估算市场空间，判断公司价值。**

具体来看，行业终局主要有以下三种。第一种是一家独大，其他竞争对手都不成气候。比如，腾讯旗下的微信基本满足了人们熟人社交的需求，用户无须再下载同类别的其他App。第二种是双寡头或者多寡头的制衡局面。在线视频行业正是如此，由于版权采购、内容产出能力等的差异，视频行业在保持"爱优腾"（爱奇艺、优酷和腾讯视频）三足鼎立格局的同时，也不断受到芒果TV和哔哩哔哩的制衡。第三种则是百花齐放的业态。一些用户转换壁垒低的行业（比如消费品牌），以及决策点比较多的行业（比如汽车行业），很容易形成这种多家并存的业态。

在行业终局相对清晰的情况下，你可以估算市场空间，判断公司价值。比如，在一家独大的情况下，你预估这个市场可以跑出100亿美元市值的公司。即便按照其他估值计算方法，这家公司目前只有10亿美元的估值，有的投资人也愿意给出高于10亿美元的估值。因为从终局判断，这个项目未来可以涨到100亿美元。现在给的估值高，就可以占比较大的比例，未来能够赚的倍数也更高。

以我投资运满满为例。我们在评估这家公司时，它还没有收入，但它在货运行业领头羊的地位已经相对清晰了。我们基于此行业终局的情形，测算了未来可能有的市场规模，推算出我们能够赚的倍数，然后进行了投资。

这里我要特别提醒你，从行业终局回溯公司估值的思维方式更适用于竞争格局相对比较清晰的行业。相反，在一些终局尚不明晰的行业，投资人的估值判断很容易失焦。

比如十年前的美团，有投资人认为外卖满足的是一小部分用户平日里偷懒不想做饭的需求，市场规模相对有限；也有投资人认为它是对餐饮行业的一种替代，市场规模巨大，企业的估值也更高。再比如今天的元气森林，一些投资人认为它有望“干掉”可口可乐，另一些投资人则认为它只能在无糖饮料的赛道中杀出重围。因为可口可乐与无糖饮料所在的市场规模差别很大，投资人对元气森林的价值判断也会有很大的偏差。

在行业终局相对清晰的情况下，投资人反向推演估值的策略确信度更高。这种以终为始的思考方式也是你在判断项目时可以去借鉴的。

当你从以上各个方面考察了一个项目之后，还有最后一步需要你慎之又慎，那就是看看这个项目是否存在风险。如果项目整体的风险程度可控，你就可以向合伙人推荐，或者把项目推上投决会，跟机构的其他投资人一起讨论了。那么，项目的风险一般会存在于哪些方面？你又应该如何去排查呢？下面我们来看看王冠珠的经验。

如何排查项目的风控点

· 王冠珠

关于一个项目值不值得投资的问题，前文主要是从企业发展前景的角度讨论的。到这里我们需要切换视角，从项目风控的角度再做一遍评估。我们总说创业是“九死一生”的荆棘路，创业者身后的风险资本也有可能因为各种不可控因素遇挫。有意识地监控项目存在的问题，我们才有机会在风险到来之际有的放矢。

通常来说，风控应该贯穿于投资的各个环节。这里我们主要介绍项目研究环节，也就是决定投一个项目之前，在业务、法律和财务这三方面的风控。你可以试着把自己想到的风控点先填入下页的表 2-1 中。

业务风控，顾名思义，就是投资人对公司业务风险点的排查，通常以商业尽调的形式完成。比如，产品没有足够大的利润空间，产业链过长，产品没有建立起自己的竞争壁垒等，都有可能成为公司业务层面的风险点，使一家公司的商业模式难以跑通。同理，另外二者是对投资标的财务和法律风险点的排查，通常以财务尽调和法务尽调的形式完成。比如，企业是否存在财务造假情况，是否持有特许经营许可和业务资质，等等。

表2-1 项目风险点一览

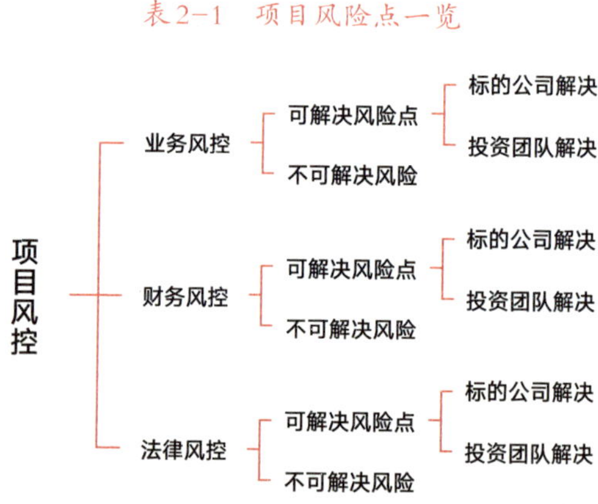

这三块风险点都可以细分为可解决和不可解决的风险点。不可解决的，就是会影响公司未来融资乃至进入资本市场的要素。如果一个项目存在这类风险点，我们通常倾向于选择放弃。至于可解决的风险点，比如由于创业公司早期在业务、法务和财务方面没有配备完全专业人才，难免存在业务模式暂时没跑通，或者法务、财务不合规的情况，你要保持开放的态度，进一步判断哪些是标的公司需要自己解决的，哪些是你所在的投资团队可以帮助他们处理的。上述关于风险点的把控，都有可能成为你与标的公司谈判乃至起草投资协议的依据。

需要特别注意的是，**投资风控并不是投资人一个人在奋战**。毕竟，就算你是一个行业专家，可以主导业务层面的风控，也很难同时精通法律和财务。术业有专攻，这两块的风控一般会交由专人负责，比如会计师事务所、律师事务所，或者投资机构后台的财务和法务人员。他们会从以下这些方面（见图 2-5）为公司做一遍体检，并就尽调结果给出专业建议。

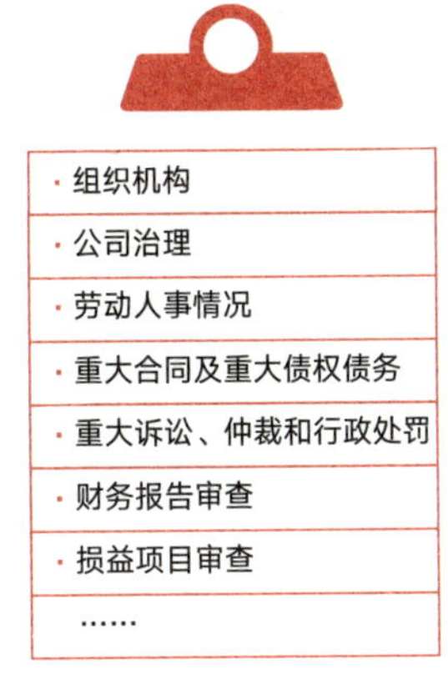

图 2-5 财务、法务尽调要素

对于无处不在的风险，投资人先要树立“What can go wrong, will go wrong”（凡是可能出错的事就一定会出错）的风控意识，通过以上这些动作在风险中寻求安全边际，在灾难降临时为自己预留一艘救生筏。

到这里，你已经把投资人研究项目的关键步骤预演了一遍，恭喜！

你可以带走这张核查清单，时不时地拿清单上的问题来“拷问”自己，到底有没有把一个项目想清楚。

拜师学艺：导师是怎样看项目的；

选择赛道：哪些才是有效的项目；

调研需求：项目能否找到自己的用户；

找到差异：项目能否跑过行业领头羊；

感知环境：项目的外部作用力有哪些；

分析效应：项目的盈利模式是否成立；

计算规模：项目成长的天花板有多高；

判断壁垒：项目在激烈的竞争中能否胜出；

找增长面：项目增长将受到哪些因素的影响；

预测终局：项目在行业走向终局时扮演了什么角色；

提前风控：项目可能存在的风险点有哪些。

如果你需要休息一下，不妨在这里歇歇脚。喝口水，我们之后再出发。

◎寻找和识别创始人

项目研究部分之后，我们来看如何寻找和识别创始人。

作为面向非上市公司的股权投资，风险投资和股票、债券投资最主要的区别在于，它要处理大量和人打交道的工作。

举个不那么恰当的例子，当你去买卖百度这家上市公司的股票时，你肯定见不到李彦宏。甚至于如果你见到李彦宏，从他那里私下获取交易信息，就成了违规的内幕交易。但作为投资人，在投资一家非上市公司时，和创始人及其团队充分沟通是你势必要做的动作。甚至于能否找到优秀的创始人和创业项目，构建起了你作为投资人的核心能力。

作为投资新人，一开始你可能并不知道在哪里可以触及一些好的创业者和好的创业项目。没关系，在这一部分，我们把投资人找人、找项目的工作日常做了拆解。你将依次看到投资人接触创始人和创业项目的通道与方法。

寻找创始人有哪些有效的渠道

来自 FA：通过财务顾问触达更多项目

· 于红

投资有轮次，也就有所谓的“上下游”关系。所以很多时候，投资人就是在和上下游深度合作的过程中找到项目的。比如，一个投天使轮基金的合伙人会把手里的项目告诉专注于 A 轮投资的基金合伙人：“我这边有个好的投资项目，你看看要不要接盘。”或者，一个主要投 B 轮项目的投资人会定期和上游的同行沟通，聊聊他们手上的 A 轮项目。早期投资人可以作为后期投资人的信息渠道。

你会发现，在上下游互相通气的模式之下，投资项目是在一个私密的社会循环（private connection）流动的。如果你不在这个循环里，就比较难拿到项目。但作为新人，你可能连自己机构的人都没混熟，又要怎么从上游机构的同行那里获取项目呢？别急，你可以在以下几个小节里看看新人取得项目的渠道。

最常见的渠道是FA。前面我们介绍过了，FA是广义投行业务的一种，他们在创业公司和投资人之间扮演着中介的角色。FA的出现，顺应了创业公司和投资人双边的需求。

从创业公司的角度看，资金是企业的血液，融资这等大事，肯定希望能由专业的第三方团队来操盘。再加上早期公司各方面（特别是和财务相关）的人才匮乏，不擅长处理融资所需的繁复数据，还得有专人包装打理。这么一来，原先通常是相对比较成熟的项目会去找FA，现在很多天使轮，甚至尚未有任何投资人介入的项目都有了FA。

从投资人的角度看，在中国，不管是资深投资人，还是资历尚浅的投资新人，找案源都不是一件易事。我们常说，脑子够用，只是手不够长——中国每年涌现出来的创业项目数以万计，对于集中在北上杭深等地作业的风投群体来说，同城的项目都很难覆盖全，遑论触及在成都、武汉等新一线城市涌现的创业机会了。

能够借FA之手触达更多项目，对投资人来说是一件好事。更重要的是，FA打破了投资圈层相对闭塞的信息流，在加速信息流转速度的同时，提高了项目相关信息的丰富程度。过去，项目是在上下游的合伙人之间流动的；但现在，项目经常被FA邮件一键转发给二十几个不同机构的投资人。更有甚者，上一轮融资尚未结束，FA就着手准备下一轮融资的撮合业务了。放在过去或者其他国家的投资界，这些现象都是无法想象的。

对刚入行的投资人来说，若能有意识地和FA建立起联络，未来想要接触到各种项目并不是一件难事。

来自企业：盯住头部公司里的中高层

· 王冠珠

新人约谈项目时，会遇到一些“非合伙人不见”的创始人，他们不愿意接待资历尚浅的分析师或投资经理。

这种情况不能说不常见。从创始人的角度想：公司着急融资，我肯定得找能自己做主决定投不投我的合伙人。和没什么决定权的新人聊，就算聊得不错，之后也还要在投资机构内部过好几道流程，费不起这个时间啊。

事实上，我觉得对专注于早期投资的新人而言，去找那些已经动了融资念头的创始人就有点太迟了。找人这件事其实可以前置，你可以试着去大公司或者特定赛道头部公司的中高层找“尚未创业的创业者”。

大公司或者特定赛道的头部公司培养了非常多有经验的从业人员。腾讯的人在游戏、社交方面的经验遥遥领先，阿里巴巴的人对投放、增长、供应链等电商模块的理解同样非常深入。像有赞的CEO（首席执行官）朱宁、去哪儿网的总裁张强等，就都是出自阿里巴巴的优秀创业者。

你其实可以有意识地去认识这些头部公司的中高层，或者是对业务模式有相关深入理解的人。如果后续他们有创业的打算，你就可以在第一时间跟他们建立起联系。而在这个阶段，他们一般非常乐于同投资人交往，也愿意了解投资人熟悉的相关领域一级市场未上市公司的运营情况。因而，投资人和这些高管的社交能有一定的互补性。同时，因为没有融资方面的压力，他们也不大会介意对话的对象究竟是新人还是合伙人。

和围堵创业团队相比，借由校友或者同事的社交网络寻找大公司里那些尚未创业的创业者，不失为一个更高效的工作方法。

在寻找潜在创业者时，很多投资人会格外关注校友的社交网络。这是因为高校作为一个“超级节点”，连接起了丰富的人才和技术资源。

那些在大公司积累了管理经验、出来创业的人，往往会在校友中间寻找合适的技术——他们很多都是在校友科研成果的基础上创业的。当然，很多学校本身也会建设产业园，培养创新创业人才，孵化高新技术企业。

所以，在寻找创业者和创业项目时，一个很好的方法是把你的校友资源利用起来，通过这个“超级节点”，在一些“跨界”的校友活动中和关注领域的创业者、技术专家建立起联系。

来自媒体：抓住创始人释放出的信号

· 王冠珠

除了 FA 和成熟企业的中高层这两种渠道，经常发布创业、风险投资相关内容的媒体平台也是投资人找人找项目的一个重要信息源。

其中，会向投资人释放信号的主要有两类报道。一类是投融资报道，这类报道相对比较直白，比如“公司甲获得投资方乙数千万元的 A 轮投资”。这很有可能是企业和早期投资人向成长期投资人释放的信号：项目不错，快来接盘。

另一类是有关一些初创公司创始人的媒体报道，它们是在朝早期投资人释放信号。只不过这类报道相对比较隐晦，需要你另行“翻译”。当然，准确解读这类报道，能够帮你尽可能早地识别出那些有融资意向的创业公司。

举一个挺常见的例子：你可能见过有的创始人在公众号上频繁更新一些分析自己所在行业的文章，或者原先不常在媒体抛头露面的创始人，现在密集接受采访，分享近期自己对行业的一些看法。通常，诸如此类的解读分析并不是创始人没来由地爆发表达欲。这般“孔雀开屏”，很可能是一个融资信号：我对行业格局有非常深入的了解，研究成果也初有起色了，你们（投资人）快来找我聊吧。

对于这种创始人，你可以先以“请教创始人对行业看法”为由找到他，和他沟通融资方面的想法。即便会错了意，你也能收获行业专家近身的判断观察，何乐而不为呢？

考察创始人要看哪几方面的能力

看了前面几篇文章，你应该发现了，找到创业者并不难，难的是如何识别出好的创业者。在中国，每年有数以万计的人投入创业。对投资人而言，平均每见1000个创业者才能发现一家未来的“独角兽”企业，和平均每见300个创业者就能发现一家未来的“独角兽”企业，两者之间效能差异巨大。

那么，究竟要如何提高找人的效能呢？又该怎么判断一个创业团队是否靠谱？于红和李剑威告诉我们，你要关注创始人表现出来的核心能力，即愿景力、同理心和领导力，它们分别与创始人对业务，还有对他人的理解和掌控能力相对应。这几个方面的能力与他们创业是否成功密切相关。除此之外，这个创业团队过去做过的事对他的创业有没有帮助也非常重要，这一点被称为创业团队的DNA。

愿景力：将业务高度抽象，再把它做实

· 于红

我们通常认为，“愿景”是一个很务虚的词。它遥远且抽象，无法解决具体问题。但我认为，投资人对创始人的第一评价要素就应该是愿景力。

在想事、做事的时候，有的创始人倾向于脚踩西瓜皮，滑到哪里是哪里；有的创始人则倾向于把所做之事的前景乃至终局尽可能地考虑清楚。对于这两类创始人，投资人肯定更倾向于后者。这类创始人身上表现出来的对未来大势的把握能力就是愿景力，这是评判一个创始人能否在某种趋势之下抽象出核心的关键点。

以你熟知的两位创始人为例来解释一下。字节跳动创始人张一鸣用机器分发替代门户网时代的人工编辑，是因为他先人一步，把移动互联网核心的关键点抽象成推荐算法。拼多多创始人黄铮致力于打造“多实惠多乐趣”的购物体验，也是因为他将社交电商的关键点抽象成为“开市客（Costco）+迪士尼（Disney）”，即“精选商品+娱乐”模式，创新利用游戏化的手段运营电商平台。

把握未来大势并将其高度抽象的能力非常珍贵。在早期，张一鸣对移动互联网的抽象，以及黄铮对社交电商的抽

象，只是极少数人的共识，大多数人并不认可。投资人首先要磨砺自己的专业能力，成为能和创始人形成共识的那一小部分人。

除此之外，我认为投资人还要考察创始人是否可以把抽象思考转化为战略步骤去实现。这是因为当创始人对未来之势形成前瞻性的判断后，在执行层面还会有千差万别的表现。是否可以将愿景真正投入行动，也应该被纳入对创始人愿景力的考察当中。

比如我们投了 musical.ly[1]。这是一款音乐类短视频社区 App，用户上传自己拍的视频，配上 App 曲库中的音乐，就可以制作 MV。在这个 App 上，很多人一边播放音乐，一边配上自己对口型的视频，最终制作音乐视频——这种形式被称为 Lip Sync。

在做这个应用时，Alex（朱骏）一开始就想让用户意识到这是一个音乐社区软件，所以他有计划地做了三件事：第一，在 App 的首页告诉用户这是一个 Lip Sync 创作工具和内容社区。第二，新用户加入 App 之后，平台会推送给他们看社区内最好的内容，帮助用户形成对这个 App 的认知。第三，发通知邀请用户发布第一条内容。

1. 2018 年，musical.ly 和 Tik Tok（抖音国际版）合并。

这三件事做完之后，用户就很清楚地知道 musical.ly 是一个什么样的应用了。接下来的事就是尽量多地吸引用户。关于这一点，Alex 也有明确的筹划。

Alex 有一句话说得特别好：一开始，musical.ly 可能是一个工具，但最终我们要把它做成一个社区，社区就是一个社会。从人类社会体制演变的角度来看，它是从奴隶制社会发展到封建社会，然后发展到资本主义社会、社会主义社会。在奴隶制社会时期，人类社会的资源只集中在少数奴隶主身上；到了封建社会时期，社会财富增加，可以供养更多人，于是就出现了一大批地主，地主数量远超奴隶制时期奴隶主的数量；到了资本主义社会时期，社会财富可以供养更多人，大量中产阶级兴起。既然 musical.ly 是一个社区，我们就可以把它的流量总额看成不同社会阶段的财富总额；社会的发展方向是财富从集中在几个人身上慢慢向广大民众渗透，那么社区的发展方向也就应该是这样。

所以，在吸引新用户这件事情上，当时 Alex 的策略是这样的：

第一步，当一开始 musical.ly 的流量没有那么多的时候，先把流量倾斜在几个头部用户身上。比如你平台上一共就 100 个用户，你把流量平均分给每个人，可能一个人分得 1 万的流量，那么头部的人不愿意来。但是你把 100 万的流量分给 10 个人，每个人有 10 万个粉丝，就会有人说这个平台好。而这些头部用户高质量的内容，就可以持续吸引新用户。

第二步，当平台的流量越来越大时，就可以保证更多的人拥有比较多的关注。这时除了头部用户，一些腰部用户也可以拥有一定的流量倾斜。

第三步，当平台的用户数量达到一定规模后，再把流量分给一些普通用户，这样他们也会在平台上收获自己的粉丝。

让更多人在社区里被看见——这是 Alex 的愿景，也是他从一开始做 musical.ly 时设想的工作步骤。后来，他也是这么一步步贯彻下去的。

同理心：理解消费者、员工甚至竞争对手

· 李剑威

关于创始人的同理心，我们可以从苹果研发第一代 iPhone 的事例开始讨论。

你可能还记得，刚进入 21 世纪时，塞班系统下的实体按键手机曾是绝对的主流。那时，苹果公司内部正为开发全新

的手机形态打得不可开交。其中一款方案——用更大的显示屏替代实体键盘，也就是在 iPhone 的基础上沿用至今的方案，如今我们已经非常熟悉了。但苹果公司同期还在开发一款形似 iPod，也就是有按键的手机。因为“更可行、更可预期”，这款方案在当时得到了很多人机界面设计师和销售人员的支持。

但乔布斯始终认为，“手指是最好用的工具”。他力排众议，坚持以纯粹的触摸屏替代键盘。故事接下去的发展你应该不陌生了：第一代 iPhone 的惯性滚动和回弹效果彻底改变了人机互动方式，为越来越多的用户所接受。

乔布斯选用这款方案不全然是因为他本人的直觉。他更需要从用户的角度出发，深度思考用户的使用体验。像这样置身于他人处境，共情他人感受，体会他人想法的能力，是一名创始人难能可贵的同理心，也是你应该着重考察创始人的维度之一。

当然，创始人的同理心不仅表现在对消费者需求的深刻感知上。你还可以通过尽调环节的访谈，去了解创始人是不是对自己的员工，甚至同行业其他的竞争对手怀有同理心。比如，员工工作失误时，创始人能否厘清其中哪些是员工自身的原因，哪些又是由其他情况造成的，员工是不是有什么难言之隐，等等。再比如，创始人对行业内的竞争对手持有怎样的态度，是鄙夷不屑还是惺惺相惜，是否会思考彼此共赢的可能性，等等。

领导力：成为团队中的“孩子王”

· 于红

创始人的领导力，简单来说，就是影响他人，特别是团队、投资人、供应商等关键角色的能力。从投资人的角度讲，考察创始人的领导力，最主要的是考察他影响团队的能力。想要完成未竟之业，一位兼具愿景力和开放性的创始人势必要组建一支强有力的团队，并且还能持续对团队施以影响。这就好像一群孩子中间总有那么一个“孩子王”，能让其他孩子心甘情愿地跟着他的想法行事。

下面以宜买车（中国最大的汽车零售超市）的案例为主，辅之以判断的几个维度，在具体的情境下介绍一下创始人影响团队的能力。

在我的投资组合里，有一名非常年轻的创始人叫包牟龙。在创业做宜买车之前，他是一名职业级别的电竞选手，在DOTA2 的天梯系统可以排到全国前 20。

关于创始人领导力的介绍，我想可以从包牟龙在电竞行业的经历出发。包牟龙不仅自己擅长打DOTA，还和朋友成立了电竞俱乐部IMG，以经营公司的逻辑组建了一支DOTA战队。他们安排第一梯队里人气比较高的选手做游戏直播，第二梯队里相对年轻的选手则主要打磨技术。在电竞行业尚未形成规范的2014年，他对俱乐部的组织运营做了很多探索与尝试。

和组建电竞战队那会儿一样，当包牟龙发愿要做宜买车这个项目时，他找到了自己的朋友，和这位“他认识的最懂互联网的朋友”验证业务模式。朋友一开始不买账，觉得包牟龙还没有把汽车交易的模式想清楚。但在持续沟通了一段时间后，他们都对汽车超市业务有了更深层次的理解：汽车超市一站式卖全品牌汽车的业务模式，是对过往4S汽车品牌销售体系的升级迭代。它可以下沉到传统4S店没法覆盖的三四线城市，为这部分增量市场的消费者带来选择多、速度快、服务好的购车体验。后来，这位朋友出任了宜买车的联合创始人。

结合包牟龙组电竞战队和创业早期找联合创始人的经历，我认为投资人在考察初创团队时，可以着重看创始人组建的团队里有没有与他认识时间相当长的人。只有在他身边学习和工作了很久，和他有过长时间接触的人，才能对创始人有真正深刻的认识。

如果团队中有这样的成员，投资人就可以反过来根据团队成员的情况判断创始人的领导力。比如，他们在团队待的时间是不是足够长？他们的专业能力是不是足够强？投资人只能在非常有限的时间里了解一名创始人，创始团队的成员则是要赌上自己的前途去押注这家公司。如果他们能力足够强，其实也从侧面印证了创始人的领导力。

最忌讳的情况就是，早期看起来各方面都很优秀的CEO，搭起来的团队里却没有他比较熟悉的人。这也许是因为创始人之前没有碰到能为创业团队提供更多帮助的人，他只是在短期内认识了很多牛人，然后把他们凑在了一起。我认为，这样的人通常是不太行的，因为这意味着他可能并不是一个真正的领袖，没有人愿意长期追随他。

我们再回到包牟龙组建宜买车团队的事例上。在这个项目小有规模时，他依旧非常重视团队的搭建。阿里巴巴的销售人才，中国20强4S店管着几千号人的总经理等，都先后加入了他的团队。

创业过程中，高管团队不会从一开始就搭建得非常齐全，都是逐步完善的。在企业快速发展的A、B轮融资阶段，投资人其实可以向创始人提问：过去一年里，你们公司新加入的最高级别的人才有哪些？

之所以要提这个问题，是因为通过它能看出公司在过去一两年内引入人才的水平和情况。在评判创始人的领导力时，像宜买车团队那样持续有高水平人才加入肯定是一个加分项。反过来，如果没有什么高管加入，大概有三种可能性：

第一种可能性是创始人不具备足够的领导力，很难吸引牛人加入。这肯定是投资人最不想看到的情况。

第二种可能性是公司业务不具备优势，所以很难吸引到优秀人才。这需要我们根据公司的产品、业务、创始人等维度进行交叉验证。

第三种可能性是创始人或许很优秀，公司的业务发展也很好，但他没有意识到优秀团队的重要性。相对来说，这一点是轻度问题。如果创始人可以保持开放性，团队也可以在与创始人的沟通中看到他想要做出改变的意愿，这个问题就是比较容易解决的。

一直以来我都认为，一家 10 亿美元市值的公司是产品和创始人共同作用的结果，可能一位水平在 A- 或者 B+ 的创业者就可以实现；但如果想做出一家 100 亿美元市值的公司，一定要由水平在 A 或者 A+ 的创始人来把控。

DNA：创始人过去的经历非常关键

· 李剑威

在最开始的时候，每个创始人都会形成自己的风格和特点，我一般把它叫作这个创始人的DNA。

判断创始人的DNA怎么样，**核心是判断他过去的经历能不能支撑他做现在的事情。**这里所说的过去的经历，包括他的学业背景、工作经历，他跟谁共事过，等等。这些元素共同组成了创始人的DNA。当然，具体到不同的行业，要看的具体内容也不一样。

举个例子。我曾经投过一家做企业服务的公司——销售易，其主要业务是将企业与客户互动的全过程数字化，帮企业提升客户满意度，进而实现销售业绩的不断增长。当时这个团队只有7个人，客户也只有2个，每个月收入只有几万块钱。那我为什么会投这家公司呢？一个重要原因就是创始人的DNA非常好——其创始人史彦泽做过十几年的顶级销售，拥有中美两国的销售及销售管理经验，而且他自己也是客户关系管理软件的重度用户。因此我判断，他去做一家企业服务公司的成功率很高。

当时销售易的竞争对手团队比它大10倍，融资已经融了很多轮，也投了不少广告，但那个团队的创始人没有企业服务行业的经验，产品还没成熟就追求公司快速发展，以至于到企业发展的后期渐渐显出劣势，最后不仅推迟了 IPO 的时间，还大量裁员。销售易的发展则更加顺利，到 2021 年，它已经连续五年成为唯一入选 Gartner 销售自动化魔力象限[1]的中国客户关系管理厂商。这就是创始人 DNA 的作用。

一个创业项目要想取得成功，一路上要克服很多困难，**它需要创始人人生阅历和资源的总爆发。**在这种情况下，创始人原来做过什么样的项目和工作，之前有没有取得过成功，他身上有什么品质，对未来的想法是怎么样的……这些都非常关键。

在上述几个小节中，我们列举了识别优秀创始人的几个维度。而投资人紧接着就需要面对一个非常直观的问题：如果创始人在某些方面的表现不尽如人意，要不要去投他们的项目呢？

对投资人来说，不投一个项目是很常见的选择；但即便不投，有些投资人也会选择持续跟踪这个项目，不会将它彻底“枪毙”。这很大程度上是从人的角度考虑的：创始人时刻在改变。在与不同合作伙伴、投资人、供应商的交往过程中，

1. Gartner（高德纳）是全球最具权威的 IT 研究和顾问咨询公司。Gartner 发明的魔力象限是一种研究工具，能够评估专有科技市场中公司的发展和定位。销售自动化则是企业服务公司的核心能力。也就是说，入选 Gartner 销售自动化魔力象限的企业服务公司是这个市场中最具竞争力的。

他们会吸收不一样的建议，各项能力也会不断发生变化。

受阅历和经验所限，一些年轻的创始人对业务模式的思考可能比较浅，尚未表现出一名A+水平创始人的核心能力。对此，你要保持开放的心态，持续跟踪他们的成长情况。比如，每隔四五个月和他们交流沟通一下。

这么做一方面是为了及时识别创始人关键能力的变化，另一方面也是为了建立起双方的信任。风险投资从来不是一锤子买卖，即便决定不投一个项目，投资人事后的反应，比如是杳无音信还是持续跟进，也会给创始人留下完全不同的感受。在持续沟通过程中建立起相互信任的关系，创始人会更有信心把真实的想法告诉你。

当然，投资人持续跟踪创业者，很大程度上也是出于“未来在某个合适的时间节点再下手”的考虑。但能够这么做的前提是投资人所在基金的规模比较大，介入一个项目的时间点相对灵活。否则，投资人在投资阶段上就会有很多限制。

怎么看创始团队的股权架构设计

· 王冠珠

除了考察创始人现在的品质、能力和未来的可能性，我们还要回到过去，通过创始人建立企业的历史沿革，对他们形成更加立体的认识。

其中，企业的股权架构设置就是一条很重要的线索。比如，创业初期如何分配“开朝元老”的持股比例？再比如，企业快速成长时，如何与拿股份进入董事会的投资人保持良性关系？……企业发展过程中，创始人做出的重大抉择都会在股权架构上有所体现。

下面是一个有关股权架构的“负面清单”，它们是你在考察创始人时应该警惕的危险区。

第一，联合创始人的持股过于平均。有很多创业伙伴是朋友或者同学，生意刚开张时，很难准确甄别合伙人的能力和贡献。于是，他们选择均分股权，以示公平。但在这种情况下，团队一旦在经营理念上产生分歧，就很容易出现“谁都拿谁没办法”的决策僵局，甚至引发控股权的争夺战。

富有远见的创始人会“在苹果没有熟的时候，就制订分苹果的游戏规则”，也就是在公司尚未引入投资人对股权价值形成判断的情况下，及时调整股权结构。只有这样，创始团队才有可能高效运转起来。

第二，投资人之间利益冲突严重。前面提到的财务投资人和战略投资人就有可能在关乎企业发展的重大议题上产生分歧。比如，财务投资人会积极推动企业 IPO 以全身而退，战略投资人则会希望企业继续留在自己的体系里发展。而当创始人寻求以一个不错的价格卖掉企业时，这两类投资人也会持不同意见，使企业陷入类似平分股权所导致的决策僵局。

具有前瞻性的投资人会就以下事项提前做好规划：

· 分配给投资人的董事会席位有多少；

· 就公司重大事项享有一票否决权的投资主体有多少；

· 应该在公司发展到什么阶段引入财务投资人或战略投资人；

……

这些规划和投资人的切身利益挂钩，也是你在考察创始人时应该着重把握的。

第三，员工股权不足。一个行业里不同公司的薪酬体系会有非常明显的趋同效应。在缺乏股权激励的情况下，企业经常要面临人才“被打劫”的情况。你需要去研究，创始人是如何在设计员工持股计划（ESOP）和防止股比过度稀释之间，找到折中办法以吸引核心人才的。而当股权激励带来员工“躺在功劳簿上睡大觉”的负面影响时，你还要看创始人是如何使用人力资源手段化解它的。

投资人通过股权架构这条线索了解了创始人过往的规划与行动以后，也会对他们未来的发展图景有更加清晰的认知。

到这里，寻找和识别创始人的方法你应该已经了然于胸了。这些方法可以帮你构建起不会被其他投资人，甚至是人工智能取代的核心竞争力。

自从 ChatGPT 横空出世以来，你的心里可能盘桓着一个问题：投资人分析数据、研究市场趋势、调研竞争对手的工作，人工智能完全可以胜任，这是不是意味着投资人很快就会被替代？

我们把这个问题抛给了 ChatGPT，请关注它回复中的关键信息：“作为人工智能，虽然我可以提供一些有用的工具和建议，但投资人的价值不仅仅在于提供资金，还在于他们的人际关系网络。风险投资行业本质上是关于人际交往和人与人之间的信任关系的事，需要投资人与创业者之间进行良好的沟通和互动。这仍然是人工智能不可替代的。”

投资人所做的大量工作是跟创业者互动和沟通——怎么判断创业者靠不靠谱；怎么说服那些靠谱的创业者拿自己的钱，而不是其他投资人的钱；等等。你要相信：如果你能找到并且识别出优秀的创业者，跟他们建立起深度连接，你就是不可替代的。

好，休息一下。我们马上开启这个职业在进阶阶段的预演。

CHAPTER 3

第三章 进阶通道

在完成了新手部分的所有工作之后，现在，你终于找到了一个你认为值得投资的项目。要想完美地把投资闭环，还不能掉以轻心；因为你还要用财务和法律知识来验证自己的看法，并完成相关协议的签订。

当你殚精竭虑，走完了以上流程后，你还要继续服务投资的企业。这通常被称为“投后管理”。可能时不时会有创业者来找你说：“我们现在缺一个技术方面的人才，你有合适的人选能帮我们介绍吗？”“我们现在需要广告方面的合作，你有合适的资源帮我们联系吗？”“我们现在遇到了发展上的瓶颈，你能为我们提供点建议吗？”这时，你应该如何跟这些创业者沟通？

而就在你帮被投企业解决了一堆问题，想躺在功劳簿上小憩片刻时，你意识到，自己已经在这个行业待了一段时间。这时的你对行业流程已经非常熟悉，一些基本的操作也已经烂熟于心。你想要进一步提升自己的能力，想要做出更大的成绩，投出更高回报率、更有影响力的项目。那么，你该从哪些方面入手？

在职业预演的第二部分——“进阶通道”中，我们将从以上三个方面带你进一步体验投资人的工作。

要想完成投资，还要懂得哪些业务

学财务：管理会计知识 > 财务会计知识

· 王冠珠

掌握会计方面的知识是投资人需要不断去夯实的功夫。会计一个深刻而丰富的主题，在许多商学院通常会有一个学期的完整的课程。我在这里稍微做了一些减法，主要介绍财务会计和管理会计这两大块的内容。我认为对投资人而言，掌握管理会计知识的重要性要显著高于掌握财务会计知识的重要性。

为什么这么说？先来看财务会计和管理会计分别在处理什么问题。一名具备基本财务会计知识的投资人需要从公司的财务数据，也就是“财务三张表”里提取有效信息。而这三张表分别是损益表，用以报告企业的收入 / 费用在一段时间内的变化；现金流量表，用以报告企业所有账目（收入 / 支出、资产 / 负债）的余额变化，确定企业在一段时间内收到或使用现金的情况；资产负债表，用以报告企业某一时间点所有资产和负债科目的余额。从这三张表覆盖的信息可以看到，财务会计分析的主要是企业当期的盈亏情况。

再来看管理会计。从某种意义上说，管理会计分析的是企业成长的驱动因素。深谙管理会计之道的投资人能将成本、业务、竞争等诸多驱动要素综合起来评估企业的价值。下面简单介绍一下它们可以如何用于研究分析。

先说成本。比如，滴滴早期因为持续投入营销资金，获客成本高昂。但当平台形成品牌效应，以及其市场份额增大时，它的获客成本就有可能大幅下降。因此，你需要关注广告投放额、新客数量、获客所需时长等数据，动态地评估获客成本曲线。

再来看业务。无论是一家仍在摸索业务模式的初创企业，还是一家相对成熟的公司开拓新业务模块，它们在这个阶段都尚未跑出清晰的盈利模式，需要你结合用户数量、市场空间、市场占有率等非财务指标，衡量业务是否来自用户真正的需求，以及能否为用户创造价值。

接着说竞争。行业竞争格局也是一家企业成长的驱动要素。首先，你可以拿企业的产品营收、现金流和利润等与同行业的其他公司对比，找出企业潜在的问题。其次，你要对企业是否在竞争过程中形成了壁垒非常谨慎。要知道，没能形成壁垒所导致的过度竞争很容易把整个行业搞垮，这时公司本身的价值也就不复存在了。

投资人对这些驱动因素的理解不同，就有可能形成全然不同的价值评估结果。在学习管理会计的内容时，你要对尽可能多的驱动因素进行深入研究，形成相对综合的价值判断。

我之所以说管理会计对投资人的重要性要高于财务会计，一方面是因为很多早期投资项目普遍面临不盈利、微利或者现金流不稳定的情况，财务信息披露也不充分，投资人较难基于财务指标形成对一家公司的判断。另一方面则是因为，认识到企业成长驱动因素的变化，对于投资人预测一家企业将来的发展会更有帮助。毕竟，风险投资本质上关注的是趋势的变化。**与理解企业未来的发展相较，企业当期是盈利还是亏损可能并没有那么重要。**

算估值：找准与项目适配的估值方法

· 于红

上一节简单介绍了如何通过财务会计和管理会计知识评估公司价值。事实上，给被投资公司的股权估值正是私募股权投资交易的核心。它与投资人的投资成本（即创始人的融资额）、占股比例，乃至未来退出的收益直接挂钩。

在讨论估值方法之前，我们先要厘清一个概念：投资人给到一家公司的估值，比如1000万美元，不是说今时今日这家公司值1000万美元，而是说有投资人有意以200万美元的投资成本获取这家公司20%的股权，因此赋予了公司一个虚拟的价格（200万美元/20%=1000万美元）[1]。

这个观念可以引出第一种由供需决定的估值方法。举个例子，雷军当年创办小米，提出来的估值要上亿美元。这么大咖的人出来创业，在当时的市场上很少见。虽然不少投资人认为这个估值过高，但还是有人愿意在这个估值上投钱。像这样的早期项目的估值，很大程度上是由投资人和创始人之间的供需关系决定的。创始人报价，如果有投资人愿意给出多少美元的估值，那么这个项目就值多少美元。

第二种是由倍数关系决定的估值方法。简单理解的话，一家公司的估值有可能是它净利润的N倍。投资人通过收集市场上获得风险投资的同类公司上一轮的估值数据，以及它们主营业务的年度净利润，就可以计算出它们的市盈率倍数：

$$\text{市盈率（PE）}=\frac{\text{参照公司估值（Price）}}{\text{参照公司年度净利润（Earnings）}}$$

1. 实际情况要比上述举例复杂一些，这里稍做说明：投资机构经评估判断，先得到企业投资前的估值（简称“投前估值”），比如800万美元。投给企业所需的200万美元以后，企业的投后估值变成了1000万美元，即投前估值和投资额的总和。投后估值决定了投资人能够获得的股权，即200万美元/1000万美元=20%。并且，投前估值、投后估值和实际交易价格需要供需双方协商确定。

结合同类公司市盈率倍数的方差以及中位数，就能得到目标公司可以参考的一个市盈率倍数——通常在它上一财年净利润的 10 ～ 20 倍。将这个倍数和目标公司主营业务的年度净利润相乘就是它的估值：

目标公司估值 = 目标公司年度净利润 × 合理的市盈率倍数

这种估值方法适用于一些处于快速成长期的企业。我们通常认为，一家公司的估值与其竞争者的估值息息相关。通过比较同一行业竞争公司之间市盈率倍数的差异，投资人可以对目标公司的价值被高估还是低估有一个基本判断。

当然，市盈率并不是唯一可以用于计算估值的倍数关系。当公司尚未盈利时[1]，我们还会按市销率倍数（PS），甚至日活用户数量的倍数来计算估值。比如，很多社交软件的创始人和投资人谈估值时，会搬出脸书以 190 亿美元左右的价格收购移动通信应用 WhatsApp 的事例。WhatsApp 当时的日活用户约为 3.15 亿人次（4.5 亿月活用户，其中 70% 是日活用户），每个日活用户的价值相当于 60 美元左右。这就为很多尚未实现盈利的社交软件创始人提供了一个估值谈判的参照系：WhatsApp 的日活用户倍数是这样，我给你便宜一点——

1. 市盈率的分母是公司年度净利润。当公司的盈利尚为负数时，上述倍数公式就会失去意义。

这个数儿。

如果说倍数估值法测量的是公司相对于市场的价格，那么第三种估值方法，DCF 折现法，衡量的就是公司的内生价格。它是把公司未来一定时间内会产生的所有现金流，用利率（折现率）打折，换算到当期价值的一种计算方式。

$$v = \frac{CF_1}{(1+r)} + \frac{CF_2}{(1+r)^2} + \frac{CF_3}{(1+r)^3} + \frac{CF_4}{(1+r)^4} + \frac{CF_5}{(1+r)^5} + \cdots + \frac{CF_n}{(1+r)^n}$$

上述是 DCF 最简化的计算公式：n 代表年份，r 代表利率，CF 代表企业的现金流，也就是企业扣除所有开支以后可以自由支配的钱。

这种绝对的估值方法适用于那些已经进入成熟期，增长相对稳定的公司。这是因为折算企业未来现金流的过程中需要做很多假设，比如企业在几年内的增长率、企业的“贴现率”等，某个指标的小变化就可能带来估值的巨大波动，所以它很难应用于那些瞬息万变的互联网创业项目。

我试着用一句口诀把这几种估值方法串联到一起：稳定增长的成熟期公司用 DCF 折现法算估值；有盈利的成长期公司按市盈率倍数算估值；没盈利但有收入的成长期公司按市销率倍数算估值；早期公司按日活用户倍数（甚至核心技术员工倍数）算估值；再不济就去看创始人，只是这时影响企业估值的就不是倍数关系，而是供需关系了。

当你完成了以上步骤，就要进入下一个关键阶段——签协议了。通常来说，约束投融资双方的核心法律文件有两种，分别是投资意向协议和股权购买协议（Share Purchase Agreement, SPA）。那么，签署这两份协议时，投资人要特别关注什么呢？

投资意向协议：根据项目情况和外部环境调节条款

· 王冠珠

投资人和创始人就估值初步达成一致以后，会有一个签订投资意向协议的环节——通过搭建投资意向协议框架，建立起双方对投资核心条款的认知。可以说，它在整个投资环节中起到了承前启后的作用。

现在在互联网上就可以检索到不少机构的投资意向协议，你可以快速了解协议上具体的款项有哪些。这里以清单的形式，把投资意向协议中常见的款项列举出来供你参考：

· 投资额度；

· 投资时间；

· 投资方式；

· 董事会席位和投票权；

· 反稀释条款；

· 回购安排；

· 股东协议；

· 信息披露；

· 知情权；

……

多看几份投资意向协议，你可能会觉得：它们都大同小异啊，比如投资额度、投资方式这些内容，每份协议上都会有，表述也大致相当，这是不是就跟格式合同一样，只要修改上面核心条款的数字就可以了？

如果这样想，你可要小心了。

首先，投资意向协议只是投资人和创始人初步拟定的一个投资框架，其中大部分款项在法律上没有约束力（保密性、排他期、适用法律等条款除外）。很多投资意向协议会开宗明义地指出：本条款仅用于 ×××，除特殊说明以外，并无法律效力。

其次，在搭投资意向协议框架时，投资人经常要根据项目的具体情况，甚至当时的投资环境来做一些调整。你可以看看下面两个例子。

有些投资人会在投资意向协议中设计关于“有效 IPO”的款项，它要求企业在 IPO 时能够保证优先股股东（投资人）赚到自己原始投资的 N 倍以上，否则 IPO 无效。通过这段描述你应该能猜到，对专注于成长期公司投资的投资人而言，有效 IPO 是一条非常重要的款项——我以 10 亿美元估值投进去，那公司至少得到 20 亿美元估值再去 IPO，这样我才能切实地赚到一些钱。但对早期投资人，也就是那些在公司只有 500 万美元估值时就把钱投进去的人而言，跟创始人在投资意向协议上争论这一条款就没什么意义了。

另一个例子和增资权条款有关。看这个名字你就应该知道，它是一条只对投资人有利的款项：在本轮投资的基础上，投资人能从创业公司那里获得一次增资的权利；和下一轮投资人的价格相较，增资价格还会有一定的优惠。根据华兴逐鹿对 2008—2016 年上百份真实投资意向协议的分析，金融危机之后的 2010 年是投资人在投资意向协议中使用增资权最多的一年。而在那些“全民抢项目”的年代，由于增资权增加了投资交易结构的复杂性，不利于投资人快速拿下项目，这个条款反而没那么流行。

也就是说，有各种各样的内外部因素会影响到投资意向一些框架内容的设计。对此，你可以先研读一遍所在机构过去签订的投资意向协议，分析不同项目协议条款的异同。然后你可以根据项目本身的情况与外部环境的变化来调整相应的条款。这是设计投资意向协议框架的关键所在。

我们在前文指出，投资意向协议没有法律效力。对于这样一份“君子协议”，但凡是重视声誉（特别是一些投成熟期项目）的机构都会表现出非常慎重的态度。当然，也有的机构把投资意向协议看得相对随意，甚至利用它去做不合常规的事情。

比如，用投资意向协议“占坑”——协议中通常会设计一个排他期条款，其本意是保障投资人在一定期限内（通常是60天）独家谈判的权益，避免出现过多竞争者而使谈判沦为一场价格战。但是，有的投资人会利用这一条款把几家同类型的公司“锁”起来，在尽调环节挖完核心信息后，撕毁与那些尽调报告不尽如人意的公司的投资意向协议。

虽说创始人很难在法律层面动投资人一丝一毫，但这般出尔反尔会给投资人带来商业信用危机。对此，你需要保持警醒。

股权购买协议：重视尽调反映的小瑕疵

· 王冠珠

在明确投资意向协议框架内容后，投资人和创始人会发起三轮尽调，全方位地给公司“体检”。这三轮尽调就是“如何排查项目的风控点”一节提到的，由投资人主导的业务尽调，由会计师事务所或财务顾问主导的财务尽调，以及由律师事务所或法务主导的法务尽调。

如果尽调结果符合投资人的预期，双方就会签订股权购买协议。这是一份基于投资意向协议框架之上，带有法律效力的文件。

在绝大多数情况下，这三轮尽调会把公司现存的大小问题扫描出来。其中有一些小瑕疵，可能无关痛痒，也不大会影响投资人最终是否投这个项目的决定。但我还是建议你，首先要正视它们内生的风险，然后回过头去看原先投资意向协议中约定的条款，评估是否有机会在股权购买协议上做出修改。

比如，有一份财务尽调报告发现，A 公司早期的损益表没有按照“权责发生制”要求的那样去确认本期收入和本期费用。计算方式的偏差，致使出现了“不应该作为收入的部分计作收入了，应该作为费用的部分却没算进去”的情况。

此时你就要意识到，原先投资意向协议给的估值可能要受影响了。

再比如，有一份法律尽调报告反映，B 公司早期因为资金紧缺，并没有按照员工实际的工资来缴纳社保，而是按照社保最低基数来缴纳的——这种现象在初创公司中其实挺普遍的。后期拿到融资，现金流充裕后，B 公司就正常给员工缴纳社保了。但你还是要长个心眼儿，明白这种违反社保规定的情形存在一定的风险。

我们很难要求投资人或者创始人单方面为公司的所有瑕疵兜底。所以，当尽调反映的大小问题落到像股权购买协议这样的法律文件上时，你需要和创始人深度沟通，审慎评估。像 A 公司这样因为财务计算方式不合规而产生的估值偏差，通常可以在与创始人沟通后，在后续的股权购买协议上修改过来。而像 B 公司这种内生的劳动用工法律风险，可能需要投资人自己去评估风险，然后判断是否愿意承受它。

在完成投资之后，你作为投资人还有一项重要的工作，叫作“投后管理”。

投资和投后管理的关系很像发展和运营。发展总是振奋人心，可落到日常运营上，思考怎么把现有资源盘活，对有些投资人来说可能就略显“平淡”了。

如果向投资人请教一下他们在投资和投后管理上的时间分配，你会发现，早些年，很多投资人会把70%以上的时间用来研究行业和找案源，只有在机构进行半年度复盘，或者公司有什么重大变动时才会去“临时抱佛脚”做投后管理。而这两年，很多曾经被资本竞逐的行业渐渐有了沉淀。过去追求跨越式发展的投资人也把更多目光放在了已投项目的精细化管理上。

在接下来的几个小节，我们就来细说一下投后管理。你会从战略、人才和资金这三个方向，理解一家公司从0到1、从1到100面临的真实挑战。

投出资金之后，你要为企业提供怎样的服务

战略：和被投企业保持输入与输出

· 李剑威

投资人长期浸淫在一个行业里，他们收集的信息、见过的人、感知到的趋势等，都有可能助力被投企业的成长。可以说，投资人在投后管理中最能使上力气的，就是对公司战略动态的研究、判断。

但是，一些投资人不重视和创始人研判战略的沟通技巧，上来就对创始人指手画脚，要求对方这样或者那样布局。这很容易把创始人的防御界面打开，导致其听不进去意见。

投资人和创始人之间本身就有小部分利益不一致，比如在高管期权的分配、上市时间的规划等方面。我认为，投资人首先要在双方利益重叠的地方做加法，和创始人建立起信任，然后再去深入研判攸关企业发展的战略。

华米科技是小米在智能可穿戴领域的重要伙伴。在红杉

资本中国基金任职期间，我参与投资了这家公司，在黄汪（华米科技创始人）团队设计研发初代和二代小米手环的过程中与他们保持着高频次的沟通。对于这款产品，团队一方面希望它在外观、交互体验、功能等方面都可以尽善尽美，另一方面也希望用产品定义的方式来确定手环的最高优先级，让它可以在市场上一炮打响。

经过很多轮的讨论，创始团队找到了这款手环的最高优先级——续航时间。“很多戴手环的用户，一开始只是图个新鲜。如果戴两天就要充电，用户新鲜劲儿一过就不伺候了。”只有续航时间足够长，才有可能平滑地建立起用户使用黏性。

当时，绝大部分手环的续航时间只有一周左右。而为了保证手环的续航时间在 30 天以上，华米的团队在初代产品上放弃了使用耗电量高的显示屏，让手环主机的“米粒”上面只有三个小亮点。

在今天看来，这样的外观或许有些粗劣，放在当时也很难算是标新立异。然而，初代小米手环在上市后的 3 个月内就实现了百万销量，后续销售速度不降反增，达到第 4 个百万销量用时不到 1 个月。

我们作为投资人，根据自己在智能硬件领域的投资经验，跟创业团队达成了这样的战略共识：为了把一个能够留住用户的功能做到极致，在初代产品上牺牲其他方面的功能是可以接受的。

这或许可以给你一点启示：在建立起信任的基础上，如果投资人和创始人可以就核心产品和业务持续保持战略方向的输入与输出，就可以给企业发展带来助推效果。

人才：帮助创始团队弥补人才短板

· 于红

再来看人才招募。我们一般认为，企业发展和人才招募是相互联动的。和创始团队研判战略，复盘未能达成某个短期目标的原因时，我们经常会绕回到“缺人”这个问题上。根据企业战略发展的需求，比如早期需要产品负责人、市场销售，后期需要 CFO（首席财务官），为他们推荐高管候选人，也是投资人投后管理工作非常重要的组成部分。

但请注意，投资人“做招聘”和一般猎头会有些差异。我们更多时候提供的是找人方向，而不是提供某个具体做事的人。

我举两个例子。一支产品很新的创业队伍希望吸纳营销专家，我有时会建议他们到用户群里找，而不要搜罗市面上的专家。很多专家营销的是成熟稳定的产品，他们有比较强的思维定式，很难发掘“新物种”的优势。相反，用户群里真正热爱原型产品的那部分人更有可能知道未来喜欢这款产品的用户在哪里，以及他们的共性是什么。如果他刚好是个营销专家，那就再好不过了。

如果一个做新业务的创始人想找搭档，我有时会建议他去看看那些创过业但没创成，并且人还不错的CEO。和大公司某块具体业务的负责人相比，拥有这种背景的候选人有从0到1的实际操盘经验，综合能力有时更胜一筹。不过，这些建议往往具备一定的创新性，所以一定要因人因事而异。

说实话，投资人在选人方向上的认知不是凭空得到的。你需要经常和初创团队一起去面试各种类型的高管候选人，从中收集信息、提取经验。比如，在解决某个具体的技术问题上，是头条系还是阿里系背景的人才更合适？此外，你还要吸取过去被投企业的用人经验，在新投资公司的招聘情境中调整用人方向。

当然，我相信你还有可能遇到另一种相反的情况，就是创始人根本没有意识到自己缺人。他们很多都在埋头做自己的事，觉得底下这帮兄弟用着都挺好。而作为投资人，过往经验告诉你，公司的某块业务亟待输入新鲜血液。你反复跟创始人沟通，对方却不听。怎么办？

我自己在处理这种情况时，通常会直接引荐创始人去见这个行业或这块业务里最优秀的那批人。虽说对方一般有自己的考虑，不会轻易加入我投资的初创团队，但这么做能打开创始人的视野，让他逐渐意识到“为什么这个人可以把事做成，之前的人却不行”。这样一来，创始人招募人才时的要求自然会提高。**与其干巴巴地跟创始人说明人才的稀缺性，直接带他去见“实物”的帮助会更大。**

当然，我们在前面介绍的所有方法都建立在投资人诚心想帮创始团队的基础之上。找人这件事可以无限地做减法：投资人如果只是帮着拉了个微信群，甚至都没寒暄几句，那么创始团队和人才的沟通往往会草草收尾。如果某位人才的引进会对被投企业的发展起到关键作用，你首先要予以足够的重视，再通过以上方法积极推动这件事。

资金：为下一轮融资未雨绸缪

· 于红

我们知道，融资是企业在还没有良好“造血能力”的情况下，保证自身资金链稳定的必要支撑。当把真金白银投入到一家公司后，你就应该持续关注它的资金分配情况。比如，你可以通过了解企业的财务数据，和创始团队一起在运营成本上做减法、在盈利和变现渠道上做加法。再比如，你可以根据企业账面上能够支持的资金去反推接下来的融资计划。

这里请特别注意，企业引入下一轮投资机构时，势必会有一段时间的接洽和磨合。你和创始团队都应该未雨绸缪，提前梳理融资规划，做好与各路投资机构对接的准备。至于需要提前多久，我个人的建议是，**当企业现金流存量大于等于 18 个月时，就要着手准备和资本的对接了。**

那么，在创始人对接下轮投资人的过程中，你作为项目前期的参投方又可以做些什么呢？我认为主要是结合项目本身的情况去给创始人提一些意见。

我经常建议创始人对预期估值做最坏的打算，但要拿更多的钱，即便估值不在你的预期里也不要去减少融资额。

有的创始人一开始会不同意，觉得这么做是在“贱卖”公司。实际上，在市场遇冷的情况下，企业能否融到钱可能要比按照多少估值融钱更重要。因为如果能够逆势融资，在竞争中往往就取得了先机。

最后我想强调，我们在前文介绍的所有方法都是基于一个核心理念，即投资人是创始人的第三只眼，而不是副驾驶，更不是左右手。第三只眼就是给创始人打开一个可能的新世界，增强创始人对外界的了解程度，但尽量不干预具体的事情，因为创始人才是公司的驾驶员。

如果创始人就接下来轮次接洽的投资人的问题向你征询意见，你可以建议他从以下几个维度考虑：

第一，看这名投资人既往的声誉，能否在战略研判和人才招募方面给到创始人专业的建议。

第二，看这名投资人在他机构里的影响力，能否尽可能多地调动机构里的资源，为创始团队提供帮助。

第三，看这名投资人所在机构的决策风格。成长期企业在日常运营过程中会遇到很多问题，而在企业遇到一些突发状况时，特别讲究公事公办的机构包容度会很低。

要想提升能力，有哪些经验值得吸取

习惯：在大滞后系统里通过复盘完成神圣的闭环

· 王冠珠

前面介绍了做投后管理的几个维度，但尚未说明投资这份工作可能会持续的时长。事实上，从投资到退出所需的时间，不是一两个月，也不是一两年，很多时候长达七八年。岔开来讲一则趣闻，在我所在的机构，新人投出一个项目时经常会说："请不要祝贺我，等我退出的时候再这么做。"

既然要持续这么长的时间，就意味着投资工作是一个大滞后系统。如果你有工科背景，对这一表述应该不会陌生：系统受到输入信号的作用后，要经过很长一段时间才能把输出表现出来。

而在这样的系统里面，不仅你最终得到结果的时间有滞后，你对一家公司形成的认知也会有滞后。这是因为公司实际的成长速度远远快于你对它的认识。甚至很多投资人对一家公司的理解，常常就停留在投资它的时刻了。

我认为，投资人如果要在这个大滞后系统里习惯反馈时常延迟的状态，并持续迭代自己对公司的认知，最好的一个方法是复盘。

我建议你每接触一个项目，不管投没投，自己都要记录一下：我是怎么判断的？依据是什么？即便后续你暂时把这个项目放下了，还是可以常去翻翻自己过往的笔记，看看项目的发展情况跟你当时的判断是否吻合。

“复盘”一词的词源，是围棋手对局完毕后复演棋局的记录，以便检查对局中棋手的优劣和得失关键。对投资人而言，复盘并不是为了一劳永逸地知道接下来该怎么办，而是为了反复验证或是修正自己的理解和预期，有意识地走完一个项目的闭环。

王冠珠提醒我们，投资这件事的反馈往往来得比较滞后，如果能对自己接触的每一个项目都进行反思，那么你一定会提升得很快。其中有一种情况尤其要注意，那就是项目投错了。于红告诉我们，如果出现错误，可以从以下几个角度进行复盘。

反思：什么是能够重复使用的、有效的复盘

· 于红

面对一个已经投错的项目时，复盘、反思是非常重要的学习方法，也是投资人成长的关键机会。这时，我们可以重新分析市场、时机、创始人等因素，看看自己到底是在哪个因素上产生了误判。需要注意的是，复盘不能停留在表面上，**只有能够重复使用的、有效的复盘才是真正有价值的**。这里的关键词有两个——“能够重复使用的”和“有效的”。具体要怎么理解呢？下面来看一个例子。

假如你面前是一个因为某关键法律条款问题而导致的并购失败的项目，那么，对这个项目的反思可以分为两个层次。

第一层：这次失败是因为签署协议时某个法律条款有问题，下次对于类似的条款，我们要有相应的措施去解决这个问题。初看起来，这样的反思已经很到位了，但实际上这样的反思是低效的。因为在复杂的并购交易中，针对不同的项目通常有各种不同的条款，而且，这种最后出问题的条款往往不是常见的内容。也就是说，下次再遇到同样条款的概率可能并不高。这样反思的问题就在于重复使用的概率不够高。

第二层：出现这种结果是因为律师团队不够好，他们在

这方面的经验不够多，下次我们要找一个有相关经验的律师团队。这样的反思可以指导后续的工作，但其实还不够深入。为什么当初会选择一个经验不够多的律师团队？或者说，下次应该如何评估律师团队是否具有相关的经验？除了律师经验不够多，是否还有其他关键决策人相关经验不够丰富的原因？……像这样的反思其实还可以持续深挖下去，而在这个过程中，你就能积累一些可以复用的、真正有价值的经验教训。

动态：开放地看待公司发展的变化

· 李剑威

投资人总有一个非常朴素的心愿——创业者有一个好想法，并且之后会一以贯之地按照它来执行，或者为了实现这个想法而努力。如果你也这么认为，那么接下来要讲的事例可能会让你失望了。一家公司的发展路径鲜少是一成不变的，跨细分行业，甚至跨产业都是时有发生的事。

举几个例子。微软最初做的是编程工具，后期才转做操作系统。Slack 在成为“明星”的云端办公协同软件之前，是一个失败的游戏。美团现在几乎已经和“吃”绑定在一起了，但它一开始做的主要是团购业务，也是在 2010—2014 年的“百团大战”中杀出重围的赢家。

我想，公司发展路径的转变有很多方面的原因。比如，用户最后买账的东西和创始人原初那个“好想法”天差地别。再比如，创始人押注的行业发展势头没有达到预期，很快就见到了天花板。又或者，商业模式在公司体量相对较小时可以成立，但等公司规模变大后，管理难度同比大幅增加，小而美的模式也就很难走通了。

这些原因都有可能使投资人在某个细分行业看好的某家公司，最终进入一个很不一样的行业。甚至在众玩家习惯“跨界竞争”的情况下，很多相邻的赛道会互相融合，比如滴滴和美团就曾在打车和外卖领域相互尝试。所以，同一个投资机构在不同产业类目下投资的公司跑着跑着到一块儿去了，也是时有发生的事。

对初创公司而言，在创业过程中换方向并没有什么见不得人的。而且很多时候，他们的新业务也是在创始团队过往经历的延长线上，也可以说是“意料之外，情理之中”。作为投资人，你需要以动态的眼光审视被投企业的变化，与它们协力完成关键转折。毕竟，变化再大、不确定因素再多，也好过在注定失败的道路上一直走下去。

选择：把时间分配给关键变量

· 某资深投资人

在行业内深耕一段时间后，你会发现这样的情况：同样是刷商业计划书、做项目研究、约见创始人，不同投资人表现出来的工作效能差异极大。有频频拿下“独角兽”企业的“点金胜手”，也有迟迟没法投出自己满意项目的人。

其中很重要的原因是，投资人在不同公司，以及公司各个考察点上分配的时间很不一样。而我认为，**把时间分配在影响项目发展的关键变量上的投资人，表现出了更高的效能。**

通常来说，投资人习惯套用原先积攒的经验去解决新问题。比如，投资人按照行业趋势、细分市场规模、竞争情况等对 A 公司挨个调查了一遍，投中了，研究 B 公司时也这么操作。但就像前面提到的，根据项目本身的情况把握关键变量才是更有效的投资方法。

比如，你收到一家药企的商业计划书，表明团队正在研发的新药可以治疗肺纤维化。这时，你要做的肯定不是把这家药企的经营情况从头至尾摸一遍，而是应该着重验证新药的成药性[1]。目前，肺纤维化是一种只可延缓但无法逆转的病

1. 即成为药物的可能性。

症，有巨大的未被满足的临床需求。在这个项目上，与其用大量时间研究药能不能卖出去，不如参考实验数据来验证它的成药性。

但如果你是在看一家做验孕试纸的公司，你就应该把关注点放在产品主打的差异化上面。验孕试纸背后的市场已经相当饱和了，新公司想进入这个市场，肯定要拿出和现有玩家不一样的打法。比如，这款验孕试纸能测出女性的激素水平，甚至怀孕时间。当然，接下来你也应该考量消费者会不会为这个差异化买单。

微观层面的项目和产品研究如此，宏观层面的行业和产业研究也应该如此。投资人正是因为在更少且更重要的变量分析上做到最好，才提高了自己的工作效能。

把研究时间更多地分配给关键变量能大大提高工作效能。但是，对于“项目的关键变量是什么”，大家会有一些不同的看法。

王冠珠分享了自己研究滴滴这个项目的经历。当时，他一头钻进平台获客成本上进行调研，认为这是影响项目估值的关键变量。而另一名同行认为，滴滴是在中国支付环境变革中产生的产品形态，有可能从一款打车软件演化为极其复杂的移动互联网产品，因而它在创新过程中产生的溢价是投资人应该着重考量的。

因为大家看待项目关键变量的角度不同，所以经常有“我把这门生意看小了”“可能顺着你的思路去看项目更对一些”的情况存在。常问常听投资同行分析关键变量的视角，你就有可能在提高工作效能方面达到四两拨千斤的效果。

定位：长期目标没错，短期小错不打紧

· 李剑威

创业公司在日常运营过程中要低头看路，在制订长期规划时又要抬头赶路。很长一段时间里，创始团队都处于这种“自我分裂”的状态。对此，很多投资人心里可以说有千万个不放心，生怕他们在某个岔路口选错方向，误入歧途。

但我在近身观察一些公司的运营情况后，发现实际情况并没有投资人想得那么糟：只要长期定位不出错，公司短期快速试错并不要紧，反过来还有可能助力公司发展。

一加（OnePlus）是一个坚持研发高端安卓旗舰机的中国手机品牌。因为其高配置、精做工的市场定位，在国内乃至印度、欧美市场都收获了很多消费者的好评。可是，即便是这样一款定位清晰的产品，在“智能手机市场份额争夺战”进

入白热化的2015年也曾迷失过方向。当年，一加不仅开设了数十家线下门店吸引流量，还拓宽了自己的产品线——在推出当年的旗舰机一加2之后，又新推出了一款价格更低的轻旗舰产品一加X。

采取这两个策略是希望一加能走进大众市场，但这一方面让一加的资金链出现问题，另一方面也让他们原初旗舰品牌的定位变得模糊起来。

几经摇摆后，他们非常果断地和线下门店及一加X做分割，继续把有限的资源投入到最需要的地方，即产品研发上面。隔年推出第三代一加手机时，他们重新强调了高品质旗舰机的概念，进而恢复了口碑。

企业发展的历程就像长征一样，排除出现黑天鹅的情况，只要企业长期定位准确（比如一加定位在利基市场[1]，而不是大众市场），哪怕途中要爬雪山、过草地，最终也还是能够抵达终点。

李剑威还提醒我们，作为投资人，你的工作不仅仅是看到好的项目就投，看到不好的项目就不投。优秀的投资人认知要争取跟创始团队在一个层面上，甚至要能跟他们一起深

1. 指在较大的细分市场中具有相似兴趣或者需求的一小部分消费者所占有的市场空间。

度思考，找出新的发展方向。

举个例子，李剑威投过一家公司叫星奇智能。一开始，这家公司主要定位成无人机教育公司。后来，李剑威根据创始团队的能力结构推荐他们重新定位，把自己定位成中国室内竞速无人机领域的领导者。这个定位很成功。2022 年 9 月，星奇智能发布了其室内竞速无人机产品观星者，填补了国内在室内第一人称视角竞速无人机领域的空白，引起了较大的反响。紧接着，他们还获得了战略投资方歌尔泰克机器人公司的加持。目前，星奇智能的产品正在推向海外。

CHAPTER 4

第四章
高手修养

你现在看到的是职业预演的第三部分——“高手修养”。经过一段时间的历练，你已经形成了自己的投资方法论，投出了几家发展势头良好的企业。这几家企业在社会上的影响力越来越大，你也随之声名鹊起，越来越多的创业项目都希望能得到你的青睐。你的职位也得到了提升，你可能已经成为一名高级职级的投资人，甚至已经成为一家投资机构的合伙人。

职位越高，责任越大。这时的你会面临比之前更大的压力。作为投资机构的重要员工，你的能力和认知水平都非常重要。一旦对当下的投资方向把握错误，你所造成的损失也会比新人大得多。于是，你要更准确地判断外部的投资环境，要能把不同行业联系起来进行思考，最终总结出一套适合自己以及自己所在机构的投资方式，并且坚持下去，不轻易变道。

此外，你还要琢磨如何管理团队。在投资人这个行业，培养一名新人所用的成本是巨大的。在你所在的机构，每一名投资人都是因为有大量失败的经历和惨痛教训，才成长为现在的自己。也就是说，你所在的机构为每一名投资人的成长都付出过巨额的学费。作为管理者，如何助力新人成长、防止他们流失，也是你要面临的重要课题。

也就是说，高手阶段的投资人不仅要修炼内功，还要承担大量的管理工作。这对你的视野、格局，以及你看待世界的方式都提出了新要求。你准备好接招了吗？

正式开始前，让我们先来看一个关于投资高手的有趣的提问：为什么投资界总有人“弯道超车”，在较短时间内成为高手？

为什么说高手不全是“老前辈”

· 某资深投资人

就像前文提到的，风险投资领域的新人不少是已经在其他行业摸爬滚打了一阵子的“老司机”。那么，“高手修养”这一章节讨论的拿到高级职级的投资人，理应是德高望重的前辈吧？

还真没那么绝对。你可以看看以下这些投资人的情况：

张颖在2008年创立经纬中国时只有35岁，曹毅在2014年创建源码资本时只有30岁，而福布斯中国2019年发布的“30位30岁以下精英榜单”（30 Under 30）上，也有多位风险投资行业的青年人上榜。

事实上，有不少投资人“建功立业”的窗口时间都是在40岁以前。2012年以来，他们把握住了很多面向年轻人的移动互联网投资机会，在30岁左右，甚至不到30岁就投出了让他们“一战成名”的项目。投资快手、斗鱼的曹曦，投资哔哩哔哩的李丰等人都属于这种情况。这些标志性的项目让他们在较短时间内积累了职级跃迁的信誉。

岔开来说，这种现象或许可以给你一个启示：如果在找工作的过程中，你发现一家投资机构的合伙人都在60岁左右，年龄上没有明显的分层，那你就要多长一个心眼儿——由较为年长的合伙人组成的投决会，有可能存在跟不上中国创业市场的快节奏的情况。

反过来看，尽管市面上有越来越多“投资人成名要趁早”的论调，我们也要正视年龄和阅历对投资人产生的积极影响。

首先，对很多年轻的投资人来说，他们的年龄与其经手的财富往往会形成非常鲜明的对比。想要把LP的钱用在刀刃上，不光需要对资本，更需要对人性有深层次的认知。这是较为年长的投资人更加有优势的地方。

其次，市面上有很多工业、科技领域的投资机会，而这类项目天然需要投资人对产业上下游的发展情况有清晰的认识，同时要求投资人掌握一些产业背景资源。在投资相关项目时，过去长时间浸淫在这个行业的投资人就会比较有优势。

这两点彰显了一名成熟投资人可能具备的优势。而当你从正反两方面看待一名优秀投资人和他年龄、阅历之间的关联时，我相信你会对自己在年轻时应该钻研什么，年长时应该坚守什么有更加清晰的认知。

投资人并不是一个以年龄和资历论英雄的职业，但想要成为高手，你当然需要有一些别人不具备的能力，那就是把行业联系起来进行思考、预判外部环境变化的能力，等等。我们一起去看看，怎么用这些能力来为自己的投资加持。

高手具有哪些独特的能力

迁移：把不同行业联系起来自由思考

· 王冠珠

我们一般认为，风险投资的研究工作有很强的专业性。比如，我是专门看医疗行业的，那我就不太容易去看一些互联网行业的项目。隔行如隔山，陌生领域研究起来实在费劲。

然而，这种在行业里深耕的工作模式可能会让你陷入一个误区——过分讲究术业有专攻，把自己擅长的某个行业看好就行了，其他陌生领域可以不碰，或尽量少碰。

我原先也是这么以为的。但当我发现自己看的游戏行业和制药行业在商业模式上有很多相似之处时，我忽然意识到，隔行未必隔着山。

游戏行业和制药行业核心资产的开发风险都非常大。游戏也好，新药也好，公司一开始其实并不知道能不能做出来。因此，前期都需要投入巨额的研发资金，还要有漫长的研发周期。除此之外，二者的核心资产都需要不断被创造。没有哪家游戏公司和药企能靠一款火爆的游戏或一种特效药坐吃山空。毕竟，之前玩《英雄联盟》的用户可能很快就会跑去玩《王者荣耀》，一款专利药自然也有到期的时候。

事实上，一名成熟的投资人应该经常锻炼自己把不同赛道的项目关联在一起思考的能力，也就是我们常说的 connect the dot，“连连看”。游戏行业和制药行业的共性是核心资产开发风险大、需要反复被创造。你在拿到一个游戏项目时，可以借鉴评估新药的逻辑，着重考察游戏公司前端的研发能力和美工能力，以及后端的发行能力。这几项能力影响着一家游戏公司能否持续地开发新产品，以及新产品是否可以得到市场的验证。

当然，把不同行业关联在一起思考的研究方法，除了可以帮你找到自己能力圈以外的投资机会，还有助于你认识到非常重要的一点：**所有商业模式都面临着来自其他领域的竞争。**比如，把很多相机品牌打了个措手不及的，不是哪家成像技术更好的相机制造商，而是拍照功能越来越完善的智能手机。同理，侧面打击便利店生意的，不是昙花一现的无人便利店，而是新兴起的外卖平台。

因为有这些来自其他赛道的竞争者，所以投资人不能仅仅评估同行业公司的竞合关系，而对其他领域的发展置若罔闻。把不同行业关联起来思考，甚至在不同行业之间创造联系的能力，是你需要不断去训练的。

王冠珠还分享了一种对比不同公司成长周期的方法。比如，你正在看一家处于高速增长阶段的公司 A，这时可以参考过去促使同一行业的 B 公司完成高速增长的几个关键成功要素，把 A 公司未来可能产生的变化和 B 公司在过去完成的转变联系在一起观察。这种研究方式可以帮助你识别出一家公司跨越时间周期的变化。

感知：预判外部环境变化

· 王冠珠

之前的章节强调了感知外部环境的重要性。但我们还没有展开介绍的是，很多公司的商业模式早期游走于合法与非法之间的灰色地带。业务模式从不被法律允许到被允许，从可以“打打擦边球”到被明文禁止，这些变化无不影响着我们的投资决策。

对投资人而言，外部环境的变化，特别是法律环境的变化，也是一个重要课题。比如，我们现在可能觉得在手机上用各种 App 打车是件稀松平常的事，但你要知道，网约车这一业态本质上是对国家道路运输运行和管理规则的一次突破。2013 年，交通运输部下发的一份文件就将相关私家车从事网约车运营服务定义为“黑车”，要求在全国各地开展打击“黑车”的专项治理活动。如果在这个时候碰到网约车项目，你是投还是不投？

我们现在都知道当时“应该投”，因为我国在 3 年后（2016 年）颁布了《国务院办公厅关于深化改革推进出租汽车行业健康发展的指导意见》和《网络预约出租汽车经营服务管理暂行办法》，确定了网约车的合法地位。那些在 2013 年之前投入网约车企业的投资人，很可能就是对未来的法律环境有一个预判，认为网约车合法化日后有可能实现。

此外，如果你对互联网行业的行业政策有所了解，应该知道中国的互联网行业存在外商投资以及投资程度的限制。换句话说，我国的互联网公司是禁止外商直接投资的。在这一限制下，中国的互联网公司起初无法在海外上市。

但很快，这些互联网企业在探索新的融资方式时发现了所谓的 VIE 架构（Variable Interest Entities，可变利益实体）：一般为一家公司在境外注册上市实体（如注册在免税的开曼群岛），与境内运营实体分离；境外上市实体通过协议方式控制境内业务实体，进而让运营实体成为上市实体的可变利益实体。

这种借壳在海外上市的形式虽然在法律层面打了擦边球，但早期很多投资人正是因此对中国有关外商投资互联公司的相关政策有了一个预判：中国互联网的发展需要大量资金投入，而这些公司如果能在海外上市，就能融到更多的资金；有了更多的资金，中国的互联网企业会得到更好的发展，缴税数额也会增加，还可以吸纳更多人就业，这当然是一件好事。因此，中国很可能会默许这种操作方式。正是因为有了这种预判，当时的投资人才敢与法律政策博弈，帮助更多的中国互联网企业找到在海外融资的途径。

判断法律环境变化的能力，能帮助你甄别出一些别人因为看不清而尚在犹豫迟疑的投资机会。可以说，这是能助你“增值”的一大能力。

选择：找到适合自己的投资方式，不轻易变道

· 某资深投资人

我们在前文强调过，研究项目的方法应该基于项目本身的情况去打差异性。同样，投资人也应该根据自身的经历甚至性格，找到和自己适配度更高的投资方法。

比如，有的投资人会在跨度特别大的行业和领域“撒网”。与其说他们投资的逻辑建立在严密的行业研究基础之上，不如说他们更关注创业本身，关注创业者的理念和激情。专注于早期投资的徐小平、王强等人就曾表示：“我们投资的决胜点在于这个人讲的故事是否让我们激动，让我们觉得值得投。”他们对人性更有感觉，也更倾向于从这个角度切入去看待创业项目。

有对人敏感的投资人，就肯定有对数据、趋势、商业模式等敏感的投资人。他们有的会自上而下，根据宏观形势和政策趋势去找项目；有的则会先结合运营数据、财务数据，从内向外研判企业价值。即便是同一个投资标的，每个投资人“第一眼”看到的东西也是有差异的。

选择和自己适配的投资方法或许是我们可以得到的第一点启示。除此之外，由于投资方法会深刻影响投资人在工作中的时间分配，因此，你可以通过观察一个投资人日常集中把时间用在哪些地方，来深刻理解他的投资逻辑。

有一句话是这样说的：“人永远赚不到超出自己认知范围的钱，即便赚到了，最后往往也会凭实力亏掉。”投资高手和新手之间的一大重要差距就在于认知。接下来，让我们看看行业高手对投资有哪些有价值的认知。

高手有哪些有价值的认知

价值：买入一家真正创造价值的公司最重要

· 某资深投资人

在前面的内容中，我们用较大篇幅搭建了项目研究的框架，尝试梳理了风险投资工作的流程与方法。而在大量接触创业项目和创始人以后，你会发现，新手期强调的模型化的研究方式，可能会让你错过一些真正优秀的企业。为什么这么说？来看几个案例。

很多投资人早期并不看好京东这个项目。先不说当时的外部环境（金融危机），光从京东内部做出的战略决策看——开始自建物流基础设施和配送团队，并从销售以数码 3C（计算机、通讯和消费电子产品）品类为主转型成为一站式的消费平台——投资人从商业模式的研究角度考虑，很容易得出“这两大决策并不是什么好棋”的结论。

你想，自建物流基础设施，意味着每覆盖一个城市就要单独建造配送中心。这些配送中心一开始每天只能接 20 单，可有投资人测算过，只有到每天配送 2000 单快递时才能回本。和其他电商平台“轻盈”的模式相比，京东的资产模式显然要重得多。

再说从专注于 3C 产品到扩张品类，特别是扩张到图书品类这一点，很多投资人也持质疑态度。这是因为图书电商市场的渗透率不高，并且当时当当网和亚马逊中国这两家公司基本各占据了线上图书销售市场的半壁江山。要从一个被双寡头垄断的市场分杯羹，显然有些得不偿失。

上述判断是基于模型化的项目研究方法得出的。但对京东来说，这两项战略决策都有其必要性和合理性。之所以要自建仓储，是因为它会极大加速物流在城市群内部以及城市群之间的流通速度。如果不“烧”足够的钱把物流系统打造出来，也就没法创造出京东如今的一大核心竞争力了。而之所以扩张品类到图书，是因为图书客单价显著低于 3C 产品，相应地，用户做出购买决策的成本也比较低。把买书的用户服务好，他们自然会在京东买其他品类的商品。

还有一个典型的例子是今日头条。在今日头条进行 A 轮融资时，很多机构都没有投资。因为结合彼时的竞争格局分析，新浪、搜狐和腾讯等公司都在计划做个性化新闻阅读的产品。和它们相比，那时今日头条所属的字节跳动还是一家小公司，没有表现出什么竞争力。当然，现在我们都知道，今日头条的信息分发机制和推荐引擎，很快就把门户网站时代的编辑人工推荐机制甩在了后头。

这两家公司创造的价值很难用收入、盈利等指标来衡量，也很难放入我们的项目研究框架中进行判断。但本质上，它们都是典型的为社会解决问题和创造价值的公司。而是否可以跳出框架，识别出这些疯狂创造价值的公司，坚定地持有它们，是投资人“修炼”成为高手的必经之路。

非共识投资：追求 10 倍以上的投资回报

· 李剑威

如果你任职于一家大的投资机构，那么进行有共识投资是比较简单的。什么叫有共识投资？比如会议室有 20 个投资人，其中 19 个人都觉得这个项目好，这就是有共识投资；但如果只有两三个人觉得这个项目好，你还一定要投，这就属于非共识投资。一般来说，共识投资的项目价格比较高，大机构很容易投进去。但也正因为价格高，后期的回报可能并不尽如人意，投资人往往是只赚了名声，不太能赚到钱。

要想获得 10 倍以上的高回报，通过非共识投资实现的概率相对更大一点。但这种机会并不多，而且大部分非共识投资可能是错的，所以对投资人的要求非常高。也就是说，你要能在其他人都不看好一个项目时识别出真正的机会。

亿航智能是非共识投资的一个比较典型的案例。2014年，当时我所在的真格基金碰到亿航团队时，这个团队就准备做载人的无人机。这在当时显得过于前卫，大部分基金对于用无人机进行载人飞行都觉得不可思议。当然，今天“飞行汽车”或者EVTOL（电动垂直起降）、城市空中交通（UAM）是资本市场很热门的概念，2021年有4家公司在美国上市，国内也有一批公司获得了天量融资，但在亿航刚刚启动的时候，这个方向在风险投资行业是完全的“非共识”。

但是，当时我们没有因为概念过于超前就止步，而是仔细研究了飞行汽车的真正可用的产品形态。在见亿航团队之前，我们见过美国飞行汽车的鼻祖“太力飞车”，团队是麻省理工背景的，他们通过把小型飞机和汽车的构型结合起来，做成全球第一辆能够在跑道起飞和降落的飞行汽车TF-1。我们跟太力的团队沟通之后，得出一个结论：需要跑道起降的飞行汽车并不实用，真正未来用于城市空中交通的产品应该具备两个特征：一是垂直起降，二是自动驾驶。而亿航团队的原型产品，已经符合这两个特征，正在筹备原型机试飞。

于是，我们冒着很大的认知压力，决定投资亿航。因为处于非共识阶段，所以我们投资的估值也很低。投资之后，团队不负众望，在2016年发布了EH184，在2018年完成了载人的试飞，并于2019年于纳斯达克完成IPO。最初的100万美元投资，实现了大几十倍的增值。

云洲智能也是一个非共识投资的案例。2015年，无人船还是一个新概念，投资界对于地面上的无人驾驶开始有兴趣，但面对水上的无人载具，大家都觉得市场过于小众。当时，云洲智能的主营业务是搜集水质的环保无人船，这个市场空间也被认为天花板太低。但是，我们当时敏锐地看到了团队在无人系统方面的强大能力，以及其产品应用场景的可扩展性——除了环保领域，海洋监测、海洋勘探、无人舰艇、无人航运等领域都存在很大的机会。基于此，我们投资了云洲智能的pre-A轮。后续云洲智能的发展也验证了我们当时的想法，如今它已经发展出了多个系列的无人船，成为无人船领域处于领先地位的准上市公司。

高手会怎样进行团队管理

团队：招募一支好队伍，让它自发生长

· 王冠珠

当你成为一名高级职级的投资人，你会面临一些关于管理方面的课题，比如管理投资团队，甚至是主导某只基金的运作。不过，在回答“怎么管团队”之前，我想先分享一段我在投资团队里“被管理”的经历。

读完 MBA 的那年，我去一家投资机构报到。我上午 9 点到公司，老板叫人力的同事帮我订了一张中午 11 点去外地出差的机票。当时我非常纳闷：难道不该有个入职介绍吗？但实际上，像新人培训、企业文化学习等很多公司标配的管理动作，风险投资机构很少会去做。

后来我意识到，这是因为在风险投资行业，招募人才的重要性远远高于管理人才。如果高级职级的投资人可以在人才选拔环节把足够聪明、足够勤奋，并且在职业道德方面能够被信任的人才聚合到一起，他们之间自然会产生强烈的化

学反应。**与其说要管理这些人才，高级职级的投资人更倾向于在团队中搭建平台，让成员自发地去交流。**

我现在的团队会集中讨论投资过程中遇到的一些共性问题，比如“如何判断一个创业团队是否足够优秀”。讨论过程中，大家会根据自己与手头项目的创始团队打交道的经过，去聊创始人普遍表现出了什么特质。

在成员分享的过程中，你可以了解他们的长处和短板。比如，A 不怕生，善于和人打交道，以后可以多安排他和创始人见面；现在把 B 送上谈判桌还不太合适，让他先把项目研究做瓷实吧。这样一来，你就能让团队分工更趋于合理。

除此之外，我们还会围绕一个项目，请主导或参与投资的几名成员做复盘，涵盖从进行项目研究、约谈创始人到投资，再到投后服务的全部流程。在这类讨论会上，你可以提醒团队里的新人去提问，不管是哪个环节或者问题没弄明白，都可以问。了解成员在这些环节是怎么想、怎么判断的，对新人会很有帮助。

投资人正是以搭建平台的方式，将平日里单打独斗的团队成员聚集在一起，让他们在互相沟通，甚至互相挑战的过程中快速提升。

责任：受托人责任是把职业做长的根基

· 王冠珠

虽然此时的你已是身经百战的投资高手了，但我想请你试着把自己代入团队里一个新人的角色：从头开始跟进一个项目，见了创始人，做了细致的业务尽调，也在投决会上说服了提出质疑的大佬，最后到了投出项目，即交付一张大额支票的时刻。作为新人，你心底肯定万分紧张，感受到一股千斤重的压力。那么问题来了，你觉得这股压力的来源是什么？

· 投中这个项目就证明我想对了，我跑赢了自己的认知。

· 项目投对与否会间接影响 LP 的信任，我要对他的资金负责。

之所以请你思考这个问题，是因为我发现，团队里的很多新人会选择前者——投资就是逆世俗之眼找寻前瞻项目，坚定地投入。这份带点儿个人英雄主义色彩的工作，需要投资人去豪赌自己的判断与想法，这一点未可厚非。

但这种“投到了都算是自己的，搞砸了反正也是 LP 的钱”的心态，很有可能会给 LP 背后无数家庭财富带来毁灭性的破坏。2008 年那场由“一些不具备信托责任的人长期的所谓的成功行为”导致的金融危机，就沉重打击了部分美国养老基金，它们当中很多是风险投资机构的 LP。这种情况下，投资人自己的职业生涯也会在短时间内骤止。

反之，那些在投项目的时候会有意识地去思考自己对 LP 的责任，即具备受托人责任的投资人，更容易在行业内长远地走下去，甚至长期地去运转一个投资机构。

投资人李录曾借这样一个场景去描述受托人责任，你可以借此去切身想象信托责任的“不可承受之重”：

> 你要把你从客户那里得到的每一块钱，想象成是来自你的父母，他们是中产阶级，一生都在努力工作，为了把你送到哈佛读书，他们把几乎所有的钱都花在了你的教育上，只剩下仅有的这一点钱。现在你从哈佛商学院毕业了，他们把钱托付给你，觉得你能够帮助他们增长一些财富。那你会怎么做？

你不能把做投资理解为在给创始人送钱，因为它很大程度上是在给 LP 赚钱。并且，这笔钱的重量是可感知的。当你对手上可支配的资金怀有敬畏之心的时候，你一定会静下心去思考：它们应该用在哪里，做出投资决策时如何找到风险和回报之间的那个临界点……

像这种把 LP 的每一分钱都当作“自己的父母节俭一生省

下来让你打理的钱”的意志，是你在培养团队新人的时候需要着重去强调的。

留人：避免人才流失的关键是激励到位

· 于红

一个投资机构中，投资人的数量并不多，但每一个都是机构宝贵的财富。因为投资人在成长过程中难免投过一些亏钱的项目，他们现在的本事都是靠这些项目喂出来的。对投资机构来说，培养一个人的成本巨大。那么，怎么才能留住这些投资人、避免人才流失呢？我认为最关键的是要激励到位。

人的需求大致可以分为四种：金钱需求、成长需求、情感需求和权力需求。想要留住人才，就要尽可能满足大家的这几种需求。可是，该怎么满足呢？

满足金钱需求是指你要给投资人一份让他满意的报酬，让他觉得自己的劳动是被肯定的。

满足成长需求是指机构要对投资有一些独特的看法，让投资人能在这个机构学到东西。投资人是一些非常聪明的人，他们对成长和自我提升的需求也非常高。很多好的机构会有一套自己的分析问题的方法，这对员工很有吸引力。举个例子，前段时间有个应聘者来我们机构工作，他说自己之前在另一家机构实习了一年，但工作得很不舒服，因为那里的人看问题都比较浅，他们看完一个项目后得出的结论和这个应聘者自己得出的结论差不了太多；而来我们机构之后，他学到了很多方法，觉得非常高兴。这就是他的成长需求。

满足情感需求是指你要尊重机构中的每一个投资人，让他感受到自己的价值。我知道有家投资机构有一个很好的做法，他们会把员工升职的消息写成新闻稿，稿子里写明这个人为什么升职，他为公司做了什么突出的贡献，公司的合伙人对他的积极评价等。稿件发出去后，升职员工和公司里的人往往都会转发，继而带动其朋友转发。慢慢地，这可能会变成行业里的一个事件，员工也会觉得自己被认可了。这就是满足了员工的情感需求。

最后来看怎么满足权力需求。按照正常流程，一个普通投资人要投出一个项目必须先经过投决会的同意。也就是说，这个投资人没有参与最后决策的权力。而为了避免投资人因此产生不好的感受，有些投资机构会设置一颗“金子弹”或者“银子弹”。意思是，普通投资人每年能有一次机会去投一个被投决会否决的项目。当然，机构会对投资金额做出限制。相当于给普通投资人一个机会去验证自己的价值观和判断。如果投的这个项目成了，那么他会有非常强的成就感。

如果这个项目失败了，他也会明白自己这是浪费了公司的资源，会进行反思。更重要的是，这满足了他的权力需求，他以后在工作中会更有主人翁意识，也会对自己的工作更加负责。

总的来说，想要留人，从这四个需求入手，基本就能取得比较好的结果，把人员流动率控制在合理的范围内。

CHAPTER 5

第五章

行业大神

在这一章，你将看到处在这个职业顶端的投资人。他们是把握全球投资风潮的顶尖人物，他们的成功既有个人因素，也离不开时代大潮的推动。现在很多投资人正在使用的投资方法和技巧，正是他们首创的。比如：

唐·瓦伦丁（Don Valentine）被称为“硅谷风险投资之父”。如今，“关注赛道”已经成为众多投资者的共识，而从瓦伦丁身上，你可以看到这个投资信条是在怎样的历史语境中被提出的，投资高手又是怎样理解和运用优质赛道的。

约翰·杜尔（John Doerr）是一位把投资的力量发挥到极致的投资人。从他的经历中，你可以看到投资是怎样改变人类世界的面貌，以及怎样推动历史进程的。

沈南鹏则是中国最优秀的投资人之一。很多人觉得投资从某种程度上来说是一种赌博，而沈南鹏会告诉你如何运用理性的力量对投资进行科学的规划和分析，以确保最终的收益。

下面，我们就一起来看看他们的故事吧。

唐·瓦伦丁：下注于赛道，而非赛手

被称为“硅谷风险投资之父”的唐·瓦伦丁究竟有多大的能量？

这么说吧，瓦伦丁投资的公司有大量都产生了划时代的意义，比如有引发个人电脑革命的苹果公司、开创游戏机工业先河的雅达利、最著名的数据库公司甲骨文、网络硬件巨人思科、著名门户网站雅虎。而在主宰美国甚至世界商业风云的投资机构中，有一家公司被业内外公认为是全美最大、最成功的风投机构，那就是瓦伦丁创立的红杉资本。成立几十年来，红杉资本总共投资500多家公司，其中200多家成功上市。如今，红杉资本已发展成全球最大的风险投资机构，并成功在中国、印度、以色列开立分支机构。

瓦伦丁还在世的时候，有人说，如果你想在硅谷创业，能得到瓦伦丁的支持，你就成功了一半。他去世后，美国加州山景城的计算机历史博物馆给他的评语是：“在一些诸如半导体、个人电脑、个人电脑软件、数字娱乐和网络的领域起到了关键性的作用。”[1]

瓦伦丁关于投资最主要的一个观点是：投资一家有着巨大市场需求的公司，要好过投资需要创造市场需求的公司。简单来说，就是“下注于赛道，而非赛手”。对赛道的看重已经成为红杉资本的标志性特点，也被后来很多机构奉为投资信条。

就拿瓦伦丁当初投资苹果公司来说，实际上，第一次见到乔布斯时，瓦伦丁对他的印象并不好。因为当时的乔布斯不修边幅，还有一些古怪的生活习惯，与瓦伦丁之前见过的创业者都不一样。但瓦伦丁十分看好个人电脑这个赛道，而苹果公司又在这个赛道做得比较出色，所以他还是决定投资这家公司。考虑到乔布斯和他的另一个合伙人既不懂开拓市场，对未来商业化也没有明确的概念，瓦伦丁还为他们介绍了自己曾经的下属——迈克·马库拉（Mike Markkula，后来成为苹果的首任 CEO），补上了创业的这一块短板。

乔布斯曾在回忆录中这样表示：“那个时候的风投，他们就像你的导师一样，对创业公司的帮助非常多。因为早期的风投者，像瓦伦丁，都曾是高科技企业的创始人或高管。这

1. 转引自名川资本王求乐：《仙童代理商（硅谷风投教父瓦伦丁传奇）》，https://www.aibecoo.com/b/90844.html，2023 年 1 月 20 日访问。

种背景，让投资者在投入金钱之外，也会像导师一样分享他们的才能和经验。”[1]

在个人电脑这条赛道上，瓦伦丁投资了至少 13 家公司，比如致力于电脑软件的甲骨文、致力于解决网络问题的 3Com 等。它们加起来，就相当于如今整个互联网帝国，而这一切都出自瓦伦丁一人之手。

在强调看准市场的同时，很多投资人也会强调创始人的重要性，但瓦伦丁主张，相较于创始人，市场永远是第一位的。如果一家公司的市场非常好，而创始团队不够优秀，他甚至可以换掉创始团队。

这一点在他投资思科公司时表现得淋漓尽致。思科公司的创始人是斯坦福大学的一对教师夫妇。为了解决不同电脑的网络不能互联的问题，他们决心做一个能将其连通的东西，这就是路由器的雏形。然而，他们在寻找投资人时遭遇了空前的失败——连续见了 75 个投资人都惨遭拒绝，瓦伦丁是他们见的第 76 个投资人。

瓦伦丁愿意投资思科公司，但他给这对创始人提出了极为苛刻的条件——创始人夫妇只能保有思科公司 35.2% 的股

1. 转引自微链智库：《硅谷风投之父唐・瓦伦丁，一个影响了“投资人”的投资人》，https://www.tmtpost.com/2439493.html，2023 年 1 月 20 日访问。

权，瓦伦丁将成为公司掌权者，创始人夫妇必须放弃对公司的管理权，由瓦伦丁掌管公司的日常运营，由他负责挑选并雇用团队来管理、经营公司。

两位被逼无奈的创始人只能答应了瓦伦丁的条件。瓦伦丁投资之后，一步步削弱他们在董事会的影响力，最后把他们赶出了公司。因为在瓦伦丁看来，这对夫妇不善管理、脾气暴躁，无法成为公司的领导者。后来，他又请来钱伯斯作为公司总裁，思科从此进入钱伯斯时代，成为与微软同级别的世界级企业。

不同于大部分机构的创始人，年纪大了之后，瓦伦丁甘愿退居二线。1996 年，瓦伦丁主动放弃对红衫资本的控制权，由接班人迈克尔·莫里茨和道格·莱昂内（Doug Leone）接手。此后，他对红衫资本的影响也从有形控制逐渐转变为无形影响。红杉顺利完成了交接和传承，并且继续维持着繁荣。

最后，瓦伦丁的投资心法[1]，请你收好：

1. 下注于赛道，而非赛手。

2. 投资一家有着巨大市场需求的公司，要好过投资一家

1. 光年 FX：《顶级投资家 21 条交易法则：预测的时间越长，预测就越不可靠》，https://new.qq.com/rain/a/20211215A05XTA00，2023 年 1 月 20 日访问。

需要创造市场需求的公司。

3. 红杉很少投资那些有过巨大成功的创业者，而更愿意投资那些有过挫败经历的创业者。

4. 在红杉看来，那些持续成功的人往往并不能客观认识成功的原因，很容易陷入个人英雄主义而忽视了大势、时机、他人以及运气因素；而那些失败过的人，如果依然渴望成功，则能够更好地审视自己。

约翰·杜尔：寻找对未来有影响力的项目

约翰·杜尔是美国最有影响力的投资人之一，作为凯鹏华盈风险投资公司的合伙人，他自1980年便开始参与众多硅谷成功企业的早期投资，其中包括谷歌、康柏、亚马逊等。据统计，30多年来，杜尔领导的凯鹏华盈共完成了近500项投资，其中167家公司成功上市，其总市值达3750亿美元，另有166家公司实现了并购。

杜尔有一句著名的话："我们寻找的机会是那些会对行业有重大影响和改变世界的业务。我们的战略就是要把理解全球怎样变化和如何应变加入公司的策略中。"[1]他投资的很多项目都是具有划时代意义的。

1980年前后，杜尔围绕微处理器的迅猛发展做了一系列投资。

---

1. 转引自韦夏怡：《约翰·杜尔：寻找改变世界的业务》，http://www.jjckb.cn/cjrw/2010-06/11/content_225748.htm，2023年1月23日访问。

微处理器通常指一种可编程的集成电路，现在电脑里的CPU（中央处理器）就是其中一种。当时，刚刚有人能够把微处理器的成本降下来——生产者缩小了微处理器的规模，简化了它的线路布局，合并了专用芯片。这就意味着组装一台个人电脑的成本也降了下来。

杜尔意识到个人电脑的时代将要到来，于是他投资了很多相关的项目。比如说康柏电脑，这个公司最初的产品是第一种获得 IBM 承认的与之兼容的个人电脑，也是当今笔记本电脑的始祖。1983 年 3 月，这款便携电脑上市，售价 3590 美元，马上受到广泛欢迎，第一年就卖出了 5.3 万台，收入创造了美国商业纪录。到 1986 年，康柏公司的个人电脑销售超过 50 万台，进入全球财富 500 强。

有了电脑，就必须要有软件。为了更好地促进和迎接个人电脑时代的到来，杜尔投资了太阳微系统公司和莲花软件公司。太阳微系统公司的主要产品是 Unix 操作系统和 Java 技术，莲花软件公司也是推出组合办公软件的先驱之一，其产品包括 Ami Pro 文字处理和 LOTUS 1-2-3 表格软件。随着这几家公司的迅猛发展，个人电脑慢慢普及开来。

个人电脑时代到来之后，杜尔又敏锐地察觉到了互联网时代即将到来。他曾经说："从 1980 年到 1990 年，个人电脑是最大的一件事。PC（个人电脑）工业里的新公司，一年内的收益可以从零升到千亿美元，我是认为互联网尚未被过度哄抬的几个‘疯子’之一，且相信我们真的身处在比 PC 更大的商机之中。如果 PC 的市场是千亿美元，我想互联网的商机将是它的三倍。”[1] 于是，他于 1990 年前后投资了网景公司。这家公司推动了互联网时代的到来。

现在，我们每天上网浏览网页都离不开浏览器，而浏览器的源头正是网景公司在 1994 年开发的能够在 IBM 的个人电脑、苹果的 Mac 以及 Unix 电脑上同时使用的网景浏览器软件。从那之后，大的企业和机构可以在网上发布信息，个人可以在网上搜索、下载信息，以及上传自己的内容。

当时，很多人都意识到网景公司将给社会带来跨时代的影响。所以，在 1994 年，这家尚未盈利的公司就被估值到 1800 万美元的天价，这在当时的硅谷是从来没有出现过的。不过，杜尔不仅没有被这个价格吓跑，还把网景公司的估值提到了 2100 万美元，并投资 500 万美元，获得了 25% 的股份。网景公司一上市，股价从 28 美元的发行价直接飙升到 71 美元，杜尔最终获得接近 4 亿美元的回报，投资回报率高达 80 倍。

接下来，杜尔把所有精力都投入到了互联网企业中，而

---

1. 转引自文敏帮：《约翰 · 杜尔的羊皮卷》，https://www.wenmi.com/article/pstenc00h48z.html，2023 年 1 月 23 日访问。

他投资的企业也给他带来了十分丰厚的回报——亚马逊回报率44倍，EXCITE[1]回报率72倍，@Home[2]回报率87倍，谷歌回报率甚至高达352倍，这个纪录至今还无人打破。

杜尔一直在用投资改变世界，他的伙伴周志雄曾这样评价他："我最佩服杜尔的是，他能一贯性地正确预期未来。他是一位能引领方向的战略家。"[3]

最后，杜尔对于优秀创始人的判断标准，请你收好：

1. 拥有设计、实现和运营一种生意的能力；

2. 能够在上述过程中组织和管理生产、控制风险，并且盈利；

3. 能够看到别人看不到的机会、欠缺（困难）和风险；

4. 具有判断力，当需要资源时，知道从哪里找，是该合作，还是该收购，或者是自己开发。

5. 最优秀的创始人不知道自己不知道，正是因为这种初生牛犊不怕虎的气势，他们总是去做在别人眼中不可能的事情。

---

1. 美国一家门户网站，提供诸如新闻、天气资讯以及元搜索引擎等功能。

2. 美国一家家庭装饰连锁店，主要售卖家居用品。

3. 转引自文敏帮：《约翰·杜尔的羊皮卷》，https://www.wenmi.com/article/pstenc00h48z.html，2023年1月23日访问。

沈南鹏：理性的“风险投资之王”

中国投资界有这样一句话：只要你在中国，你可能没见过沈南鹏本人，但你一定用过他投资的公司的产品。他投资过的项目包括阿里巴巴、新浪、京东、高德地图、360、唯品会、大众点评、美团、拼多多等，几乎涵盖大半个互联网圈。

沈南鹏是红杉资本全球执行合伙人，也是红杉中国的创始人。2022 年 4 月 12 日，在《福布斯》杂志发布的“全球最佳创投人榜”上，沈南鹏位列第三，这是他连续第 5 年进入该榜单前三名，并且蝉联中国投资人榜首。马化腾曾说，沈南鹏是中国风险投资界最成功的投资人，没有之一。

与经常借用孔孟、老庄的思想阐释自己投资理念的高瓴资本创始人张磊不同，沈南鹏的思维方式和表达方式是高度理性化的，他经常谈论的是逻辑、概率、数据，也曾经用物理学定律诠释商业发展与变革的规律。而这种思维方式与他的学习背景高度相关。

沈南鹏自小喜欢数学，梦想成为一名数学家。1982 年，15 岁的他参加全国奥数竞赛，获得了一等奖。之后，因为数学成绩突出，沈南鹏被保送到上海交通大学应用数学专业，成为该校首批免试生。从上海交通大学毕业后，沈南鹏前往美国哥伦比亚大学数学系继续深造。在这里，他发现自己的志趣并不在数学纯理论研究上，于是重新规划人生道路，转去耶鲁大学读 MBA，将数学思维运用在经济和商业上。

在创办红杉中国之前，沈南鹏曾在华尔街投行工作，也曾是携程旅行网和如家连锁酒店这两家上市公司的联合创始人。他擅长用数据把一个行业可能涉及的各个环节摸透，包括市场需求、商业模式等。

其实在携程上市后，很多人并不看好沈南鹏二次创业做的如家酒店，认为和携程这种快速发展的互联网模式相比，线下酒店就是个苦差事。[1]但沈南鹏不这么认为，他在携程积累的海量出行数据中注意到了经济型酒店潜在的市场需求——当时美国经济型酒店约有 6 万家，占酒店总数的 8 成以上，而这一类型的酒店在中国才刚刚兴起。他抓住机遇，仅用短短 3 年的时间就将如家送到了纳斯达克。

正是因为沈南鹏对在线旅游行业形成了全局性认识，当

1. 新消费内参：《红杉沈南鹏：计算人生，一切皆可推演》，https://xueqiu.com/2115521729/135057081，2023 年 1 月 26 日访问。

行业内的关键要素产生变化时，他就可以调动自己的数学特长和理性特征，快速做出决策。就像他自己说的："运气不掌握在你手里，但你可以通过学习和工作让判断更准确，包括量化数字的帮助，这才是掌握在你手里的。"[1]

当然，过于依赖数据也让沈南鹏险些错过一些优秀的公司。他将自己在2008年时没有投资京东看作"最后悔的一次投资失误"。按常理说，这个失误只能放在之后投其他公司的时候去弥补了，但沈南鹏在京东下一轮融资估值涨了100倍时投资了它。而当沈南鹏错过今日头条估值尚为5000万美元的A轮时，他也非常坦然地承认自己的误判：我们"做了一个VC最常做的事情，对比各种竞品……"而在意识到今日头条这款产品的技术优势后，他很快成为它后面轮次的投资方。

事实上，沈南鹏让很多同行特别敬畏的一点，正是他对交易没有任何情绪，发现错误以后可以不带感情地纠错。这是他作为一名投资人、一名企业家，还有一名逻辑思维者的底色。

最后，沈南鹏的"四不投"原则，请你收好：

---

1. 一介书生：《从"企业家"到"投资人"，沈南鹏如何实现身份转型？》，https://new.qq.com/rain/a/20220608A09FNC00，2023年1月26日访问。

1. 不会定战略的 CEO 不投；

2. 不懂产品的 CEO 不投；

3. 不会带团队的 CEO 不投；

4. 不会算好账的 CEO 不投。

CHAPTER 6

第六章

行业清单

现在，我们来到了本书的最后一章——“行业清单”。

这一章主要是一些帮你了解风险投资行业的工具，比如：

· 行业大事记：告诉你这个行业是怎么一步一步发展到今天的；

· 行业术语：为你揭秘一些业内人士口中的专业词汇到底是什么意思；

· 头部机构：带你看看这个行业内的顶端风景是什么样的；

· 推荐资料：如果你想继续深入研究这个行业，那么这一部分推荐的图书就是你所需要的。

· 工具箱：在经过慎重考虑后，如果你依然打算进入这个行业，那么这一部分的工具或许可以帮你快速进入角色。

下面，就让我们一起来看看吧。

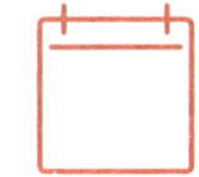

行业大事记

最早的风投实践

15世纪，葡萄牙和西班牙王室通过资助航海员航行所需的资金、补给等，对尚未被开拓的航线进行投资，并允诺将一小部分来自新殖民地的税收收入奖励给海员。

美国早期的风投实践

1878年，金融家J.P.摩根赞助了爱迪生的通用电气公司，摩根本人成为照明产品的首批种子用户。

第一家专业的风投公司

1946年，美国研究与发展公司成立，这家投资公司建立了GP/LP架构，它的创始人之一乔治斯·多里奥特被誉为“风险投资之父”。

接受风险投资创立的仙童半导体

1957年，纽约的一家摄影器材机构资助了由八名技术人才（又称“八叛逆”）创立的半导体公司，它是第一家由风险投资的方式创立并获得成功的硅谷公司。

《小企业投资法案》

1958年，美国推出的《小企业投资法案》，通过政府补贴支持来撬动民间资本，为创新型企业提供资金支持。

纳斯达克建立

1971年，美国国家证券业者协会创立纳斯达克，它是第一个电子证券交易市场，为后期风险资本的退出提供了更有效的途径。

红杉资本 & 凯鹏华盈

1972 年，世界最大的两家风险投资机构红杉资本和凯鹏华盈，分别由唐·瓦伦丁和约翰·杜尔创立。硅谷大量的科技公司在这两家机构的支持下建立。

苹果公司上市

1980 年年底，苹果公司在纳斯达克上市，首日收盘价达每股 29 美元。这一时期，大量高科技公司在纳斯达克挂牌上市。

“中创”公司

1986 年，中国第一家风险投资公司，中国新技术创业投资公司成立，主要发起股东为国家科委和财政部。

创办风投公司的文件

1991 年，国务院批准，国家科委发布《国家高新技术产业开发区若干政策的暂行规定》，允许有关部门在高新区建立风险投资基金，用于高新技术产品的开发。

IDG 进入中国

1993 年，IDG 资本在中国成立独立基金，成为首家进入中国市场的外资投资机构。

投资主体变化

1996 年，《中华人民共和国促进科技成果转化法》首次以法律条文的形式对风险投资加以规定，大公司、研究机构和个人首次被允许参与风险投资。

新浪获得风险投资

1997 年，四通利方（新浪前身）获得 650 万美元的风险投资，这是中国的互联网公司获得的第一笔风险投资。

深创投

1999 年，地方国资委属性的本土创投机构，深创投成立。

2000 年，软银向成立仅一年的阿里巴巴投资约 2000 万美元，这笔投资为软银带来了超过 1700 倍的回报。

阿里巴巴获得风险投资

中小企业板

2004 年，中国证监会批复同意深圳证券交易所在主板市场内设立中小企业板块，板块内公司普遍具有盈利能力强、收入增长快的特点。

2005—2008 年，红杉中国、启明创投、经纬中国等投资机构成立，大量美元基金开始在中国民营本土化。

美元基金本土化

创业板

2009 年，中国创业板市场开市，中小企业在中国本土获得退出渠道，大量本土化的外资机构开始募集人民币基金。

2014 年，阿里巴巴在纽约证券交易所上市，股价上涨 38.07%，是创美股史上“最大 IPO”。

“最大 IPO”

基金团队裂变

2014—2016 年，主流美元基金团队陆续发生裂变，大量投资人创业做新机构。

2018 年，受监管趋严、资管新规出台、金融去杠杆发挥效力等影响，中国风投市场全面回调，逐步进入资本寒冬，机构迎来深度洗牌。

机构深度洗牌

行业术语

（一）职业 & 职级

风险投资（Venture Capital，VC）

我们可以试着从词义层面来看这个贯穿本书始终的表述。Venture 作为动词时，意思是“冒……的险”。Capital 作为名词时，则有“能够产生额外财富的资产”的意思。这两层意思结合在一起，道出了风险投资的本质——它是面向初创企业的股权投资行为，高风险和高收益并存。

私募股权投资（Private Equity，PE）

广义的私募股权投资涵括了风险投资，狭义的私募股权投资特指对于发展到较成熟阶段企业的权益投资。实际业务中，很多私募股权投资机构在向前覆盖更早期的项目。同时，很多风险投资机构投资项目的单笔金额已经可以和私募股权投资机构比肩。因此，私募股权投资和风险投资的界限在变得越来越模糊。

财务顾问（Financial Advisor，FA）

投资人和企业之间的投融资中介，对接项目和资金。投资人和财务顾问的部分工作界面有重叠，但在整个金融行业大类中，它们分别属于买方和卖方，二者在收益来源和工作方式等方面有一定的区别。

分析师和投资经理（Analyst & Associate）

投资业界的初级职级。这个职级的投资人通常要具备基本的财务测算、行业研究能力，能把握好自己主导或者参与的项目。

副总裁和投资总监（VP & Director）

投资业界的中级职级。这个职级的投资人通常要具备管理一个行业或项目小组的能力。除此之外，投资人寻找案源的能力会在此阶段得到很大的锻炼。

董事总经理和合伙人（MD & Partner）

投资业界的高级职级。这个职级的投资人会对自己负责的赛道形成比较深刻的认知，对创业者、出资人等不同群体也有相对敏感的判断。

管理合伙人（General Partner，GP）

管理合伙人一般要管理基金的日常运作和投资。同时，他们还会负责基金前端的募资环节。

受托管出资人（Limited Partner，LP）

私募股权基金的出资人，他们接受风险投资机构提供的资产管理服务。

（二）工作界面 & 流程

投资组合（Portfolio）

投资机构通常需要配置不同类别的资产，来降低整体业绩的波动。投资组合是机构持有的所有投资产品的集合。

路演（Roadshow）

在风险投资的语境中，路演是指初创团队面向投资人展示企业产品，阐释企业愿景的活动。

商业计划书（Business Plan，BP）

创始人就公司产品、市场、发展潜力等情况向投资人展示的书面材料。

投资意向协议（Term Sheet，TS）

投资人和创始人就投融资初步达成意向后开出的“君子协议”。

尽职调查（Due Diligence，DD）

投资人就初步达成投资意向的企业开展和本次投资相关事宜的现场调查和材料分析。一般由投资人主导的商业尽调、律师事务所主导的法律尽调和会计师事务所主导的财务尽调组成。

股权购买协议（Share Purchase Agreement，SPA）

投资人完成对目标企业的尽调后，在投资意向协议基础上和企业签订的具有法律效力的股权认购文件。

业绩报酬（Carried Interest，Carry）

按照一只基金整体的表现或者基金内部投资项目的表现给到投资人的报酬。

投资决策委员会（Investment Committee，IC）

投资机构内部针对投资项目或从项目退出设置的决策机制。

（三）创业公司

精益创业（Lean Startup）

哈佛大学商学院驻校企业家埃里克·莱斯（Eric Ries）提出的一种创业模式。精益创业提倡企业先向市场推出极简的原型产品，通过较小的成本和更有效的方式来验证用户需求，灵活调整创业方向，避免“昂贵地失败”。

创业公司的“清洁工”（Startup Janitor）

硅谷一些强势的初创企业 CEO 会把“清洁工”这个称谓放在自己的领英介绍上面，展示他有能力将公司所有人“扫地出门”。

收购式招聘（Acquihire）

以收购的方式获取对方持有的人才和知识产权。苹果公司曾借由这种方式获得自动驾驶汽车公司 Drive.ai 的工程师和市场专家。而在初创企业陷入困境时，公司背后的投资人也会“游说”那些对其（初创公司）人才抱有兴趣的公司去收购它，实现退出。

员工认股（Employee Stock Ownership Plan，ESOP）

通过让员工认购公司股份、赚取分红的方式激励员工，让核心员工的利益和公司尽量保持一致。

期权池（Option Pool，OP）

企业在融资前为未来引进高级人才而预留的一部分股份。创始人通常需要就期权激励的对象、具体条款等和投资人进行协商。

（四）数据指标

获客成本（Customer Acquisition Cost, CAC）

假设某家保洁公司为了获取新用户而提供一次免费保洁服务，每次保洁服务的人工成本是400元，那么这家公司的用户获客成本就是400元。这是简化版本的获客成本计算。实际情况下，我们还要考虑用户获取的不同渠道、用户自然增长和渠道增长的区分、用户复购等多项要素。

用户生命周期价值（Life Time Value, LTV）

如果以满帮集团为例，假设这家公司和一名经常需要找货车的新增用户建立起了信任关系，这名用户未来所有寻找货车的需求都可以在这家公司的线上平台得到满足，那么这个用户后续在平台产生的消费乘以毛利率，就是他的生命周期总价值。

每用户平均收入（Average Revenue Per User, ARPU）

默认是公司每月的总收入除以同期的用户数量。而在界定同期的用户数量时，有按月活跃用户数量计算和按月付费用户数量计算的区分。通过第二种方式计算的每用户平均收入的值会相对高一些。

（五）协议条款

对赌机制（Value Adjustment Mechanism）

根据投资以后公司的财务表现等，投资人可以要求调整持股比例，或者要求现金赔偿。

反摊薄（Anti-dilution）

又称反稀释，防止之前轮次的投资人持有的股权价值因为新投资人的加入而遭到稀释的股权补偿措施。

完全棘轮（Full Ratchet）

一种反稀释的调整机制。齿轮不能朝反方向转动；对应地，公司在后续轮次的估值一般不低于它的上一轮估值。而在公司后续轮次估值降低的情况下，完全棘轮机制会被触发，公司的老投资人有权调整其持有的股份的单价。

加权平均（Weighted Average）

这也是确保投资人股权不被低价稀释的一种机制。只是，这种情况下，投资人在调整股份单价的同时，还需要考虑其权重，也就是新价格对应的股份数量。

赎回（Redemption）

要求创始人在一定条件下以特定价格回购投资人持有的股份。

强制出售（Drag-along）

行使这项权利的投资人可以拖拽其他股东和其一同出售股份。

（六）估值 & 回报

市净率（Price-to-book Ratio，PB）

公司市值与其净资产的比率。市净率越大，说明投资者普遍看好该企业，认为它有良好的发展前景。

市盈率（Price-to-earning Ratio，PE）

公司市值与其年度净利润的比率。我们可以把某家公司的市盈率与它所在行业其他公司的平均市盈率做比较，还可以把某家公司的预期市盈率与它的历史市盈率做比较。正是通过这种对比，投资人才形成了对公司收益预期的判断。

市销率（Price-to-sales Ratio，PS）

公司市值和它年度销售收入的比率。投资人在给亏损或者微利的早期企业估值时，往往会参考它的市销率。

企业价值（EV）

企业价值是衡量一家公司总价值的指标，通常被用作股票市值的更全面替代方案。

税息折旧及摊销前利润（Earnings Before Interest, Taxes, Depreciation and Amortization，EBITDA）

即未计利息、税项、折旧及摊销前的利润。EBITDA 被私人资本企业广泛使用，用以计算企业经营业绩。

现金流贴现法（Discounted Cash Flow，DCF）

把一家公司未来 N 年内能够产生的所有现金流换算成现在价值的一种计算方法。

投资回报倍数（Multiple of Invested Capital，MOIC）

它反映的是私募股权基金投资的静态回报。

内部收益率（Internal Rate of Return，IRR）

可理解为私募股权基金潜在的回报率。它考虑了时间成本，排除了通货膨胀等外部金融风险。

投入资本分红率（Distributed over Paid-in，DPI）

可理解为私募股权基金的出资人真正拿回的钱。DPI 的损益平衡点为 1。在 DPI > 1 的情况下，出资人获得超额收益。

头部机构[1]

GGV 纪源资本

GGV 纪源资本是一家专注于全球早中期企业投资的风险投资公司，共管理 14 只基金，累计 64 亿美元的资产，在硅谷、旧金山、上海、北京、新加坡设有办公室。

GGV 纪源资本关注消费及新零售、互联网服务、前沿科技、企业服务和云等领域的创业公司，投资过阿里巴巴、滴滴出行、去哪儿、Airbnb、满帮集团等近 300 家公司。根据 GGV 官网显示，目前，GGV 纪源资本已经有 17 只基金，投资的公司中有 68 家“独角兽”公司，48 家公司已经成功上市。

GGV 纪源资本长期专注全球市场，深入本地化耕耘，交融贯通，积累了独特的资源，鼎力支持创业者不断开拓创新。[2]

---

1. 按机构名称拼音首字母顺序排列。

2. 机构简介摘录自 GGV 纪源资本官方网站，参见 https://www.ggvchina.com/。

典型案例

阿里巴巴、小米集团、小红书等

红杉资本中国基金

红杉资本始终致力于帮助创业者成就基业长青的伟大公司，为成员企业带来丰富的全球资源和宝贵的历史经验。红杉资本投资了众多创新企业和产业潮流的领导者。

红杉资本中国基金作为“创业者背后的创业者”，专注于科技 / 传媒、医疗健康、消费品 / 现代服务、工业科技四个方向的投资机遇。2021 年 12 月，红杉中国入选甲子光年 2021 最佳硬科技投资机构 Top30。17 年来，红杉中国投资了 900 多家具有鲜明技术特征、创新商业模式、具备高成长性和高发展潜力的企业。[1]

典型案例

美团点评、今日头条、滴滴出行等

经纬中国

经纬中国旨在与杰出企业建立长期关系，并助其成就行

---

1. 机构简介摘录自红杉资本中国基金官方网站，参见 https://www.sequoiacap.com/china/。

业领先的优秀公司。

经纬创投因其杰出的投资业绩和悠久的历史在全球风险投资行业中享有盛誉，而经纬中国正是前者在中国设立的联合公司，正式成立于2008年，并专注于寻找中国大陆的投资机会。

自创立迄今，经纬创投已完成数百项投资并在许多成功企业的发展过程中起到重要作用。目前累计投资700多家企业，在经纬创投的投资组合中有65家公司已经上市，另有110家最终通过兼并收购方式赢得投资回报。就投资回报率而言，经纬创投始终在全球风险投资公司中名列前茅。[1]

典型案例

链家、小鹏汽车、理想汽车、猎聘等

启明创投

启明创投成立于2006年，先后在上海、北京、苏州、深圳、香港、西雅图、波士顿和旧金山湾区设立办公室。目前，启明创投旗下管理11只美元基金、7只人民币基金，已募管理资产总额达到94亿美元。自成立至今，专注于投资科技及

1. 机构简介摘录自经纬中国官方网站，参见 https://www.matrixpartners.com.cn/index.php/zh/。

消费、医疗健康等行业早期和成长期的优秀企业。

截至目前，启明创投已投资超过 480 家高速成长的创新企业，其中有超过 180 家分别在美国纽交所、纳斯达克、香港交易所、上交所及深交所等交易所上市及合并退出，有 70 多家企业成为行业公认的“独角兽”和超级“独角兽”企业。

自成立以来，启明创投以其出色的投资业绩，获得全球范围内出资人的广泛认可，成为创业者首选投资机构之一。在多个权威榜单中，启明创投已经成为中国风险投资界排名领先的基金。[1]

典型案例

小米集团、哔哩哔哩、微医集团等

真格基金

真格基金是由徐小平、王强于 2011 年联合红杉资本中国基金创立的早期投资机构，累计管理资金总规模超 100 亿人民币。真格基金自创立伊始，一直积极在未来科技、人工智能、企业服务、医疗健康、大消费、移动互联网等领域寻找最优秀的创业团队和引领时代的投资机会。[2]

1. 机构简介摘录自启明创投官方网站，参见 https://www.qimingvc.com/cn。

2. 机构简介摘录自真格基金官方网站，参见 http://www.zhenfund.com/。

真格基金陆续投资了 800 余家创业公司，超过 50 个项目通过多种方式实现退出，获得投资回报。自 2014 年清科“中国股权投资年度排名”设立早期投资机构排名以来，真格基金已连续 6 年获得“中国早期投资机构 30 强”第 1 名。

典型案例

小红书、优客工场、爱笔智能、老虎证券等

推荐资料

（一）书籍

·〔美〕本杰明·格雷厄姆、〔美〕戴维·多德：《证券分析》（第6版），中国人民大学出版社2013年版。

推荐理由：被誉为“投资者的圣经”。

·邱国鹭：《投资中最简单的事》，中国人民大学出版社2014年版。

推荐理由：一本去繁就简，追问投资本质的书。

·李利威：《一本书看透股权架构》，机械工业出版社2019年版。

推荐理由：实用的股权架构设计指南，从30个名企案例中学股权架构。

·〔美〕阿斯沃斯·达摩达兰：《故事与估值：商业故事的价值》，中信出版集团2018年版。

推荐理由：动人的故事+漂亮的数字=更好的估值。你可以试着用这本书提供的思维架构去评估一家公司的价值水平。

· 〔美〕霍华德·马克斯:《投资最重要的事》,中信出版集团 2019 年版。

推荐理由:橡树资本创始人的投资备忘录,他将风险、周期、预期等投资母题提纲挈领地串联在一起。

· 李录:《文明、现代化、价值投资与中国》,中信出版集团 2020 年版。

推荐理由:查理·芒格(Charlie Munger)家族资产管理人的文集,带你在一个更长的商业周期里观察价值投资的观念、方法与实践。

· 张巍:《资本的规则 Ⅱ》,中国法制出版社 2019 年版。

推荐理由:以中国的问题、世界的眼光,讲述资产市场的主干性原则,以及作为资本市场主要参与者的企业应该如何生存发展。

(二)播客节目

《创业内幕 Startup Insider》

推荐理由:GGV 纪源资本出品的非严肃商业访谈。

《到海外去》

推荐理由：分享中国企业的出海故事和经验。

《疯投圈》

推荐理由：从投资视角探讨商业本质。

《迟早更新》

推荐理由：探讨科技、商业、设计和生活。

《硅谷早知道》

推荐理由：带来最新的硅谷热门话题和资讯。

《三五环》

推荐理由：互联网产品经理刘飞主持，和“三五环”之间嘉宾闲聊他们的观察、创造和思考。

《组织进化论》

推荐理由：专注于职场话题和企业管理。

《贝望录》

推荐理由：展现企业管理者、创意人、创业者等在应对当下技术革新与市场变化时的行动与思考。

Exponent

推荐理由：硅谷投资人本·汤普森（Ben Thompson）主持，探讨科技、商业与社会的关系。

a16z

推荐理由：硅谷风险公司安德森·霍洛维茨（Andreessen Horowitz）出品，着重讨论科技变革以及不同规模公司的建构。

工具箱

（一）企业价值判断清单[1]

红杉资本接触过众多初创公司，并总结了如下那些能够经受市场磨砺，有机会成长为业界参天大树的标杆企业的特征：

· 目标清晰：在一张名片背后就能讲清公司业务。

· 市场庞大：服务于即将迎来快速增长或变革的市场。一个拥有 10 亿美元潜在规模的市场会容许创业者不断试错，直到获得真正的利润。

· 优质客户：针对愿意为独特产品支付溢价且能迅速决策的客户。

· 专注专一：用户只会为具有单一价值主张的简单产品付费。

---

1. 摘录自浙商科创：《红杉资本：成为参天大树企业的 11 种特质》，https://view.inews.qq.com/k/20220301A051PK00?web_channel=wap&openApp=false，2023 年 2 月 24 访问。

· 对症止痛：找到客户的切肤之痛，用令人信服的解决方案去取悦客户。

· 不同凡想：不断挑战思维定式，不走寻常路，创新解决方案，在竞争中智取对手。

· 团队 DNA：一家公司的 DNA 形成于公司创立的最初 90 天内。明智选择早期员工。

· 灵活敏捷：低调和快速能击败缓慢的行业巨头。

· 反弹能力：磨炼公司跌倒反弹并不断尝试的能力。

· 极致节俭：聚焦投入，只在那些至关重要、具有优先地位的事上花钱，并竭力让收益最大化。

· 星火燎原：只用很少的钱启动，这迫使你自律和专注。点燃客户渴求伟大产品的巨大市场只需要很少的火药。

（二）尽调报告核心写作要素[1]

· 市场

市场需求强度（是少数人的现有需求吗）；

---

1. 根据本书讨论框架整理。

市场的成长性（有可能演化成多数人的现有需求吗）；

市场规模大小（从500亿元这个虚数做推演）。

· 产品和商业模式

产品是否能带来结构性变化的解决方案；

产品的单位经济效益计算公式是怎样的（售价、毛利率、成本……）；

对目标细分市场的推广和营销策略是怎样的。

· 竞争优势

进入壁垒：技术；

竞争壁垒：品牌、规模、网络效应、数据等。

· 创始人

核心能力考核：愿景力、同理心、领导力、创始人DNA。

· 团队搭建

招聘标准和时间节点是否明确；

团队岗位是否有明显的空缺；

团队核心成员的（技术）能力是否满足产品研发的需求。

· 财务指标

收入（增长情况和增长质量）、毛利率水平、净利润指标、现金流、主要客户、供应商等。

· 风险因素分析

从业务、财务和法务三个维度讨论。

· 退出假设

可能的退出通道；

是否能按时达到上市目标。

后记

这不是一套传统意义上的图书，而是一次尝试联合读者、行业高手、审读团一起共创的出版实验。在这套书的策划、出版过程中，我们得到了来自四面八方的支持和帮助，在此特别感谢。

感谢接受“前途丛书”前期调研的读者朋友：程海洋、戴愫、戴月、段淇瑞、范荣洲、黄智云、黄作敏、蒋建峰、康东亮、李佩英、罗玲、聂静、王海琳、王慧燃、王志方、邬清华、向绍雨、余昕桠、张娟、张鑫、赵晓萌、曾征、朱老师等。谢谢你们对“前途丛书”的建议，让我们能研发出更能满足读者需求的产品。

感谢接受《我能做投资人吗》前期调研的朋友：春宇、Alex、高可昕、龚泽恩、郝阳、刘幸、王津、袁俊彬、Yevgeny W.等。谢谢你们坦诚说出对投资人这一职业的困惑和期待，在你们的帮助下，我们对这一职业的痛点有了更深入的了解。

感谢“前途丛书”的审读人：Tian、安夜、柏子仁、陈大锋、陈嘉旭、陈硕、程海洋、程钰舒、咚咚锵、樊强、郭卜兑、郭东奇、韩杨、何祥庆、侯颖、黄茂库、江彪、旷淇元、冷雪峰、李东衡、连瑞龙、刘昆、慕容喆、乔奇、石云升、宋耀杰、田礼君、汪清、徐杨、徐子陵、严童鞋、严雨、杨健、杨连培、尹博、于婷婷、于哲、张仕杰、郑善魁、朱哲明等。由于审读人多达上千位，篇幅所限，不能一一列举，在此致以最诚挚的谢意。谢谢你们认真审读和用心反馈，帮助我们完善了书里的点滴细节，让这套书以更好的姿态展现给广大读者。

感谢得到公司的同事：罗振宇、脱不花、池书进、宣明栋、罗小洁、张忱、陆晶靖、冯启娜、张英海。谢谢你们在关键时刻提供方向性指引。

感谢接受本书采访的五位行业高手：于红、王冠珠、李剑威，以及两位要求不具名的资深风险投资人。谢谢你们抽出宝贵的时间真诚分享，把自己多年来积累的经验倾囊相授，为这个行业未来的年轻人提供帮助。

最后感谢你，一直读到了这里。

有的人只是做着一份工作，有的人却找到了一生所爱的事业。祝愿读过这套书的你，能成为那个找到事业的人。

这本书是一个不断生长的知识工程，如果你有关于这本书的问题，或者你有其他希望了解的职业，欢迎你提出宝贵建议。欢迎通过邮箱(contribution@luojilab.com)与我们联系。

“前途丛书”编著团队

图书在版编目（CIP）数据

我能做投资人吗 / 翁慕涵，吕志超编著；于红，王冠珠，李剑威口述 .-- 北京：新星出版社，2023.4

ISBN 978-7-5133-4958-1

Ⅰ. ①我… Ⅱ. ①翁… ②吕… ③于… ④王… ⑤李… Ⅲ. ①投资－通俗读物 Ⅳ. ① F830.59-49

中国版本图书馆 CIP 数据核字 (2022) 第 121205 号

我能做投资人吗

翁慕涵　吕志超　编著

于　红　王冠珠　李剑威　口述

责任编辑：白华召
总 策 划：白丽丽
策划编辑：王青青
营销编辑：陈宵晗　chenxiaohan@luojilab.com
装帧设计：李一航
责任印制：李珊珊

出版发行：新星出版社
出 版 人：马汝军
社　　址：北京市西城区车公庄大街丙 3 号楼　100044
网　　址：www.newstarpress.com
电　　话：010-88310888
传　　真：010-65270449
法律顾问：北京市岳成律师事务所

读者服务：400-0526000　service@luojilab.com
邮购地址：北京市朝阳区温特莱中心 A 座 5 层　100025

印　　刷：北京盛通印刷股份有限公司
开　　本：787mm × 1092mm　1/32
印　　张：7.625
字　　数：138 千字
版　　次：2023 年 4 月第一版　2023 年 4 月第一次印刷
书　　号：ISBN 978-7-5133-4958-1
定　　价：49.00 元
